How English Disclosures Should & Should not be Made

海外投資家ニーズを押さえた

英文開示の あり方・作り方

井川智洋・児玉高直・杉渕 均

著

中央経済社

は し が き

　日本の株式市場においては，存在感を増している外国人投資家に向けた情報発信として，英文開示の重要性が意識されている。一方で，東京証券取引所で実施されている英文開示に係るアンケート調査によると，多くの海外機関投資家より，英文開示の不十分さが企業との対話や投資行動に影響を及ぼしたことがあると指摘されている。建設的な対話の促進や日本企業に対する投資拡大の観点からは，英文開示の一層の進展に強い期待が寄せられている。

　本書は，第1章〜第3章において，英文開示のニーズと投資家が真に求める情報，自社の状況に応じた英文開示の実践，英文開示に対する海外投資家の生の声，英文開示をするにあたってのコミュニケーションの取り方など，企業が英文開示を始める，進展させるための勘所を解説している。英文開示に取り組み始めようとしている方から，すでにある程度英文開示を進めているが充実させるために悩んでいる方まで，英文開示実務に携わっている担当者に手に取っていただきたい1冊に仕上がっている。

　本書が実務家の皆様の一助となれば幸いである。

2023年6月

著　者

目　　次

第 **1** 章

英文開示のニーズと投資家が真に求める情報

フィデリティ投信株式会社
ヘッド・オブ・エンゲージメント兼ポートフォリオ・マネージャー
井川智洋

注：本章に示された意見は筆者個人のものであり，
　　所属する組織を代表するものではない。

1　英文開示が日本企業に求められる背景

　日本の株式市場において，外国人投資家の存在感はこれまで一貫して増大してきた。東京証券取引所のプライム市場（旧市場第一部）における外国人投資家の保有比率を見ると，1970～1990年代は一桁にすぎなかったが，その後は緩やかに上昇を続け，2021年には30％にまで上昇している[1]。また，株価は売買が発生した際に値段が付くことから，株価形成により関連性が高い売買代金について市場全体に占める外国人投資家の比率を見ると，20年前に30％前後の水準であったものが，この数年は過半数の約60％に到達しており，またこの間TOPIX（東証株価指数）は130％超上昇した（図表1−1）。こうした事実に鑑みれば，日本の株式市場のこれまでの発展は外国人投資家の積極的な市場参

**【図表1−1】外国人保有比率，売買代金に占める外国人投資家比率と
　　　　　　　TOPIX（東証株価指数）の推移**

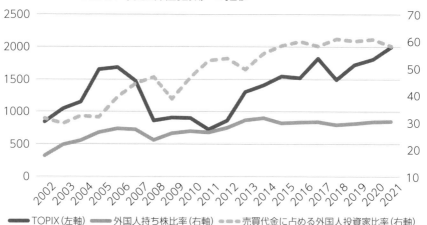

（出所）　Refinitiv，東京証券取引所「2021年度株式分布状況調査の調査結果について」をもとに筆者作成

1　東京証券取引所「2021年度株式分布状況調査の調査結果について」
https://www.jpx.co.jp/markets/statistics-equities/examination/01.html

加とともにもたらされてきたといっても過言ではない。また，近年はこのように存在感が高まる外国人投資家向けの情報発信として，日本企業が会社情報を英文で発信することの重要性が声高に叫ばれるようになっている。

(1) コーポレートガバナンス・コードにおける英文開示の規定

2022年4月4日より東京証券取引所（東証）において新市場区分の適用が開始され，従来の市場第一部，市場第二部，マザーズおよびJASDAQの4つの市場区分から，プライム市場，スタンダード市場，グロース市場の3つの市場区分へと新たに見直されることとなった。市場区分見直しの目的は，「上場会社の持続的な成長と中長期的な企業価値向上を支え，国内外の多様な投資者から高い支持を得られる魅力的な現物市場を提供することにより，豊かな社会の実現に貢献すること」とされている[2]。

それぞれの市場区分のコンセプトは，プライム市場は，「多くの機関投資家の投資対象になりうる規模の時価総額（流動性）を持ち，より高いガバナンス水準を備え，投資者との建設的な対話を中心に据えて持続的な成長と中長期的な企業価値の向上にコミットする企業向けの市場」，スタンダード市場は，「公開された市場における投資対象として一定の時価総額（流動性）を持ち，上場企業としての基本的なガバナンス水準を備えつつ，持続的な成長と中長期的な企業価値の向上にコミットする企業向けの市場」，グロース市場は，「高い成長可能性を実現するための事業計画及びその進捗の適時・適切な開示が行われ一定の市場評価が得られる一方，事業実績の観点から相対的にリスクが高い企業向けの市場」と位置づけられた。

また，東証は市場構造の見直しに合わせる形でコーポレートガバナンス・コードの改訂も行っており，2021年6月11日に施行された。上場会社は，上場

---

2 東京証券取引所「新市場区分の概要等について」5頁
https://www.jpx.co.jp/equities/improvements/market-structure/nlsgeu000003pd3t-att/nlsgeu000004kjhc.pdf

規則においてコーポレートガバナンス・コードの各原則を実施するか，実施しない場合はその理由をコーポレート・ガバナンス報告書において説明すること（コンプライ・オア・エクスプレイン）が求められている。今回の改訂は，上場企業がそれぞれの市場区分の特性に応じて持続的な成長と中長期的な企業価値の向上を目指してガバナンスの向上に取り組むことを狙いとしており，特にプライム市場向けに新たに原則が設けられたことが大きな特徴となっている。

　コーポレートガバナンス・コードにおける英文による情報開示の規定については，2015年に初版が策定される際に，外国人投資家との建設的な対話を促進する観点から，有識者会議においてすでにその重要性について議論がなされており[3]，補充原則 1 − 2 ④において株主総会招集通知の英訳，補充原則 3 − 1 ②において財政状態や経営成績などの財務情報，および経営戦略や経営課題，リスクやガバナンス等の非財務情報についての英語での情報開示・提供を進めることが，自社の株主における海外投資家等の比率も踏まえつつ，合理的な範囲で求められることとなっている。

　2021年のコーポレートガバナンス・コードの改訂の中では，プライム市場がグローバルな投資家との建設的な対話を中心に据えた企業向けの市場であり，より高いガバナンス水準を要求するとの観点から，英文開示においても，プライム市場上場会社のみに適用される原則として，補充原則 3 − 1 ②において，開示書類のうち必要とされる情報について，英語での開示・提供を行うべきであると明記された（**図表 1 − 2**）。なお，JPXは，上場会社向けナビゲーションシステムのFAQの中で，「開示書類のうち必要とされる情報」の範囲は，自社の株主や投資家のニーズ等を踏まえつつ，「必要な情報」の範囲を適切に判断することをプライム市場上場会社に求めている[4]。また，外国人投資家の保有割合が著しく低い場合であっても，プライム市場上場会社が英文開示を一切行わない場合はエクスプレインが求められるとしており，プライム市場に上場す

3　コーポレートガバナンス・コードの策定に関する有識者会議（第9回）議事録
　https://www.fsa.go.jp/singi/corporategovernance/gijiroku/20150305.html
4　JPX「上場会社向けナビゲーションシステム」
　https://faq.jpx.co.jp/disclo/tse/web/knowledge8346.html

る企業に対しては，自社の株主における海外投資家等の比率によらず，英文による情報開示へのより積極的な取組みを求めることとなった。なお，本章入稿後の2023年1月30日，東証はプライム市場において英文開示を義務化することを公表している[5]。

【図表1-2】市場区分の特徴

市場区分	市場の定義	コーポレートガバナンス・コードにおける英文開示の規定
プライム市場	多くの機関投資家の投資対象になりうる規模の時価総額（流動性）を持ち，より高いガバナンス水準を備え，投資者との建設的な対話を中心に据えて持続的な成長と中長期的な企業価値の向上にコミットする企業向けの市場	補充原則1-2④「招集通知の英訳を進めるべきである」補充原則3-1②「自社の株主における海外投資家等の比率も踏まえ，合理的な範囲において，英語での情報の開示・提供を進めるべき」，「開示書類のうち必要とされる情報について，英語での開示・提供を行うべき」
スタンダード市場	公開された市場における投資対象として一定の時価総額（流動性）を持ち，上場企業としての基本的なガバナンス水準を備えつつ，持続的な成長と中長期的な企業価値の向上にコミットする企業向けの市場	補充原則1-2④「招集通知の英訳を進めるべきである」補充原則3-1②「自社の株主における海外投資家等の比率も踏まえ，合理的な範囲において，英語での情報の開示・提供を進めるべき」
グロース市場	高い成長可能性を実現するための事業計画及びその進捗の適時・適切な開示が行われ一定の市場評価が得られる一方，事業実績の観点から相対的にリスクが高い企業向けの市場	

(出所)　東京証券取引所「新市場区分の概要等について」等をもとに筆者作成

⑵　サステナブルファイナンスにおける英文開示の意義

　このように，東証の市場構造の見直し，コーポレートガバナンス・コードの改訂の中で，英文による情報開示への取組みの重要性が特にプライム市場上場会社において強調されることとなったが，より世界の潮流を見渡せば，プライム市場上場会社に限らず日本企業全体にとっての英文による情報開示の重要性を確認することができる。昨今，持続可能な社会の構築に向けた取組みの重要性がグローバル規模で盛んに謳われているが，特に2015年の国連気候変動枠組条約締約国会議（COP21）において温室効果ガス削減に関する国際的な枠組みであるパリ協定が採択されたこと，同じく2015年に国連サミットにおいて持続可能な開発目標（SDGs）が採択されたことを契機として，こうした動きが加速することとなった。金融市場においても，投資や融資などの金融メカニズムを通じて企業の活動を環境問題や社会問題などサステナビリティ課題の解決に向けて誘導する「サステナブルファイナンス」の普及が進んでいる。Global Sustainable Investment Alliance（GSIA）の調査によれば，2020年における世界のサステナブル投資資産残高は35.3兆ドル（約5,200兆円，2022年10月末為替レート）となっており，これは2016年からは1.5倍超の増加で，世界の運用資産残高の35.9％を占めている[6]（**図表1-3**）。

　サステナブルファイナンスにおいては，生命保険会社や投資顧問会社などの機関投資家は，企業の経済活動やプロジェクトの環境・社会・ガバナンス，いわゆるESGの要素を融資や投資の意思決定の際に考慮する[7]が，ESGの要素の例としては，気候変動や多様性，海洋プラスチック，サプライチェーン上の調達先における児童労働問題，ジェンダー・ダイバーシティ，従業員エンゲージメントなどが挙げられる。こうしたESGの要素は貸借対照表や損益計算書，

---

[6]　Global Sustainable Investment Alliance「GLOBAL SUSTAINABLE INVESTMENT REVIEW 2020」
　　http://www.gsi-alliance.org/wp-content/uploads/2021/08/GSIR-20201.pdf
[7]　Harvard Extension School "What Is Sustainable Finance and Why Is It Important?"
　　https://extension.harvard.edu/blog/what-is-sustainable-finance-and-why-is-it-important/

【図表1－3】 世界のサステナブル投資資産残高の推移（単位：十億ドル）

地域	2016年	2018年	2020年
欧州	12,040	14,075	12,017
米国	8,723	11,995	17,081
カナダ	1,086	1,699	2,423
オーストラリア・オセアニア	516	734	906
日本	474	2,180	2,874
合計	**22,839**	**30,683**	**35,301**
サステナブル投資資産残高の全運用資産に占める比率	27.9%	33.9%	35.9%

(出所)　Global Sustainable Investment Alliance「GLOBAL SUSTAINABLE INVESTMENT REVIEW 2020」

キャッシュ・フロー計算書などの財務情報に対して非財務情報と呼ばれており，財務情報という結果を生み出すための企業価値創造（企業価値毀損の場合もありうる）の源泉として位置づけられている。例を挙げると，発展途上国における製造工場で児童労働などの人権侵害が発覚すれば，企業の深刻なレピュテーション低下が消費者の不買運動につながるとともに，取引先からの取引停止や行政当局からの処分につながるだろう。結果として，財務情報に売上高の減少や罰金による損失の発生など，数値としてマイナスの影響が表れることとなる。逆に，人権侵害リスクに日頃から対応できている企業にとっては，レピュテーションの向上とともに財務情報に中長期的にプラスの影響が表れることが期待できる。

　非財務情報は，多くの場合，定量情報の開示だけでは投資家にとって意味をなさない。例えば，従業員エンゲージメントにおける従業員に対する研修時間や従業員満足度などの項目，ジェンダー・ダイバーシティにおける女性管理職比率や男女間の賃金格差などの項目は，定量情報であれば日本語を理解しない外国人投資家でも情報を読み取ることは比較的簡単だろう。しかし，従業員に

対する研修時間は，企業価値創造に向けた人材戦略における「成果と重要な成果指標（KPI）」であり，人材戦略が企業価値創造にとって果たす役割，研修が人材戦略にとって果たす役割など定性的な情報とともに説明されなければ，その数値だけでは投資家は企業価値への影響を推し量ることはできない。同様に，男女間の賃金格差は，格差が存在する場合にその解消に向けた企業の取組みと，それによって期待する人材戦略への中長期的なプラスの影響とが合わせて説明される必要がある。このように，非財務情報は中長期の企業価値創造に向けた経営戦略と関連づけて具体的なKPIとともに統合的なストーリーとして描くことが望まれる[8]ことから，グローバルの投資家に企業の価値創造に向けた取組みを理解してもらうためには，数値だけではなく定性的な記述情報も合わせて，英文による情報開示を行うことが求められることとなる。

　近年，機関投資家からの企業に対するESGの要素を含む非財務情報の情報開示要請はますます高まっているが，その背景に資産運用会社に対するグリーンウォッシングへの批判がある。グリーンウォッシングとは，資産運用会社が自社のファンドに「サステナビリティ」に関連したキーワードを入れることで，本来他の一般のファンドと何ら変わらないのにあたかも気候変動に配慮したファンドであるかのように見せかけること[9]である。消費者を誤認させてファンドを購入させる行為であること，また環境に配慮した企業に資金が回るどころかその逆の事態すら発生する可能性があり，中長期的な気候変動のリスクの上昇にもつながりかねないことから，世界の各地域で厳しい視線にさらされており，規制当局による取り締まりの強化なども検討されている。資産運用会社がもしグリーンウォッシングのレッテルが貼られると会社の信用は著しく失墜し，長期間にわたり事業活動に深刻なダメージを被ることとなる。また，これは気候変動に限らずあらゆる社会課題において言えることであり，総称して「ESGウォッシング」と言われている。資産運用会社は，グリーンウォッシン

8　内閣官房「人的資本可視化指針」
9　フィデリティ投信「グリーンウォッシュ(Greenwashing)とは何か,確認するポイントは？」
　　https://www.fidelity.co.jp/page/esg-beginners/what-is-greenwashing

グあるいはESGウォッシングを防ぐためにも投資先企業に非財務情報の開示を求め，ファンドを構成する企業のESGの特徴を確かなエビデンスとともにはっきり示すことが求められている。こうした動きは特に欧州で顕著で，すでに資産運用会社に対する開示ルールとして法制化されている。2021年3月にEUでサステナブルファイナンス開示規則（SFDR：Sustainable Finance Disclosure Regulation）が適用され，資産運用会社および投資助言会社は，環境や社会を促進する投資商品やサステナブル投資を目的とする商品における環境面や社会面の特性などを開示することが求められている[10]。サステナビリティへの主要な悪影響（PAI：Principal Adverse Impacts，**図表1－4**）の考慮とその評価指標についても開示が求められる[11]ことから，こうした情報を英文で開示していない日本企業は，欧州のESGを重視する機関投資家からそっぽを向かれてしまうという事態に陥りかねない。

　サステナブルファイナンスの領域で昨今目立つ動きとしてほかに，協働エンゲージメントがある。サステナビリティ課題の多くは地球規模で解決に向けて取り組むことが求められることから，特に海外を中心に機関投資家がお互いに連携を図りながら，地球規模で重要と考えられるサステナビリティ課題に対して影響が大きい企業を特定し，対話によって解決に向けた行動を促す動きが活発化している。著名な例としてGHG排出量の大きい企業に対して協働エンゲージメントを行う気候変動のグローバルイニシアティブであるClimate Action 100+があるが，世界各地の機関投資家700以上が参加しており，合計資産運用総額は68兆ドルに上る[12]。こうした協働エンゲージメントに際しても，英文による情報開示が進んでいることで，自社の取組みに対して機関投資家からの理

10　Official Journal of the European Union "REGULATION（EU）2019/2088 OF THE EUROPEAN PARLIAMENT AND OF THE COUNCIL of 27 November 2019 on sustainability‐related disclosures in the financial services sector"
　　https://eur-lex.europa.eu/legal-content/EN/TXT/PDF/?uri=CELEX:32019R2088&from=EN

11　ESMA "Final Report on draft Regulatory Technical Standards"
　　jc_2021_03_joint_esas_final_report_on_rts_under_sfdr.pdf（europa.eu）

12　Climate Action 100+
　　https://www.climateaction100.org/about/

【図表１－４】 サステナブルファイナンス開示規則で企業への投資に適用される14のサステナビリティへの主要な悪影響の義務開示指標

有害なサステナ ビリティ指標	計測方法
GHG排出量	Scope 1/2/3 GHG排出量
	カーボンフットプリント
	GHG排出原単位
	化石燃料セクターへのエクスポージャー
	非再生可能エネルギー消費量および生産量の割合
	気候変動の影響が大きいセクターのエネルギー消費原単位
生物多様性	生物多様性の影響を受けやすい地域に悪影響を及ぼす活動
水	排水量原単位
廃棄物	有害廃棄物の排出割合
社会および従業 員関連	国連グローバル・コンパクトおよびOECD多国籍企業行動指針に違反する行為
	国連グローバル・コンパクトおよびOECD多国籍企業行動指針の遵守を監視するためのプロセスやメカニズムの欠如
	調整前ジェンダー・ペイ・ギャップ
	女性取締役比率
	問題のある兵器（対人地雷，クラスター弾，化学兵器，生物兵器）へのエクスポージャー

（出所）　ESMA "Final Report on draft Regulatory Technical Standards" をもと
に筆者作成

　解が得られやすくなることだろう。

　ここまで，グローバルの機関投資家の観点から英文開示の重要性について触れてきたが，企業側の視点で考えると，英文開示を行うことで資本市場での資金調達が容易になることが考えられる。サステナブルファイナンスの潮流はグ

ローバルの機関投資家マネーの流れに大きな変化をもたらしており，サステナ
ビリティ課題に対して技術革新やビジネスモデルの転換などを通じて順応する
ことができる企業にとっては，5,000兆円を超える世界のESGマネーを獲得す
ることが可能となり，さらなる成長につなげていく大きな機会となりえる。

　筆者は，とりわけ日本企業にとってはこうした機会獲得の潜在的な可能性が
高いと考えているが，その根拠として，日本企業が世界の他の企業と比べても
サステナビリティ課題に対して意欲的に取り組んでいるというデータの存在が
ある。例えば，各企業の気候変動への取組みの情報開示を推進する国際的なイ
ニシアティブである気候関連財務情報開示タスクフォース（TCFD：Task
Force on Climate-related Financial Disclosures）の賛同機関数は，日本企業が
1062社と世界で一番多く，２位英国の472社を大きく引き離している（2022年
９月22日時点）[13]。また，持続可能な社会の構築に貢献する技術力の観点からも
日本企業の優位性を確認することができる。SDGsの各目標に貢献する特許技
術の2020年の国別ランキングを見ると，日本は中国と米国に次ぐ世界第３位で
あり，特にSDGs目標７「エネルギーをみんなにそしてクリーンに」において
は世界第１位となっている[14]。英文による情報発信を通じてこうした日本企業
の強みがグローバル投資家により理解されることとなれば，成長投資のための
ESGマネーを獲得する機会が広がることとなるだろう。

　サステナビリティ課題は，社会経済が持続的な成長を果たす際の大きなリス
ク要因となりうるということがすでにグローバルの確固たる共通認識として共
有され，企業は複雑化し多層化する様々なステークホルダーの間でそれぞれの
価値を最大化しながら事業運営をすることが求められる時代となった。裏を返
せばこうしたリスク要因に対応することができる企業，サステナビリティ課題
の解消を事業機会としてとらえることができる企業にとっては，大きな飛躍の
時代が到来したと考えることもできる。前述のとおり，日本にはそのような可

13　TCFDコンソーシアム
　https://tcfd-consortium.jp/about
14　知財AI研究センター「SDGs関連特許出願・各国ランキング（PCT国際出願）」
　https://transtool.japio.or.jp/work/data/sdgs_wo_ranking.html

能性を秘めている企業が多く存在すると考えられる。次の節でより詳細について触れることとなるが，日本企業の英文開示の状況は決して十分とは言えないことから，とりもなおさずこれは，グローバルの投資家に日本企業の可能性が十分認知されているとは言い難いことを意味する。日本企業には，英文開示を含めて積極的にコミュニケーションの改善を図っていくことが求められている。

コラム　日本企業のESG評価

　フィデリティ・インターナショナルおよびフィデリティ投信（以下「フィデリティ」という）では，自社で開発したESGレーティングシステムに基づき，投資先企業のESG評価を行っている。フィデリティのESGレーティングは，いわゆる責任投資担当者やESGスペシャリストではなく，企業のビジネスモデルを熟知し，ファンダメンタルズ分析を行っているリサーチアナリストが付与するところに特徴がある。リサーチアナリストは，ビジネスモデルの文脈から中長期の企業価値創造にとって重要なESG要素を評価することができ，また，定量的な情報に加えて日頃の経営陣等に対する取材を通じた定性的な判断とを組み合わせてESG評価を行うことができる。

　日本企業とサステナビリティの取組みが先行する欧州企業のそれぞれ（2022年10月末時点の時価総額5億ドル以上）について，フィデリティのESGレーティングとESG調査機関3社のESGスコアを比較したところ，興味深い特徴の違いが見られた。フィデリティのESGレーティングは，AからEまでの5段階による評価を行っており，企業によるESGの取組みがCを平均的として，Aが最も優れ，Eが最も劣ることを意味している。ESG調査機関については3社のESGスコアの中央値に基づき，「優れる」「平均的」「劣る」の3段階の評価に分類した。

　図表1-5に示すとおり，フィデリティがESGの取組みで優れていると考えAを付与している企業群は，ESG調査機関の評価も日欧ともに「優れる」が過半を占める一方で「劣る」の割合は少なく，フィデリティとESG調査機関の間で評価に大きな乖離は見られない。ところが，フィデリティがESGの取組みが良いと考えBを付与している企業群は，ESG調査機関のESG評価は欧州企業については大きな乖離は見られないものの，日本企業については「劣る」の評価が4割超にも上っており，フィデリティの評価との乖離が目立つ。フィデリティがESGの取組みが平均的と考えCを付与している企業については，さらにその乖離幅は大きくなっている。

　特に日本企業でフィデリティとESG調査機関の評価に大きな乖離が見られる理由として，日本企業の情報開示が欧州企業に比較して遅れている

点が挙げられる。ESG調査機関の評価は，客観性を担保する観点から企業の情報開示資料をもとに評価を行うことが多い。一方フィデリティでは，リサーチアナリストが日頃の経営陣等への取材を通じてESG課題の解決に向け取り組む姿勢を評価していることから，情報開示が限られたとしても企業の取組みによっては優れたESG評価が付与されることになる。また，英文による情報開示の有無もESG調査機関の評価に影響を与えている可能性がある。東証が発表している英文開示実施状況一覧[15]に基づき，決算短信，株主総会招集通知，有価証券報告書のいずれについても英文開示がない企業と，いずれかについて英文開示を行っている企業（2022年10月末時点の時価総額5億ドル以上）について，ESG調査機関によるESG評価を比較した（**図表1－6**）。「良い」評価の割合は，英文開示がない企業で12%，英文開示がある企業で36%であった一方，「悪い」評価の割合は，英文開示がない企業で34%，英文開示がある企業で20%となっており，英文開示の有無とESG調査機関の評価に相関があることが確認できた。

15　東京証券取引所 "Availability of English Disclosure Information by Listed Companies"
https://www.jpx.co.jp/english/equities/listed-co/disclosure-gate/availability/

【図表1－5】フィデリティとESG調査機関による日欧企業のESG評価の比較

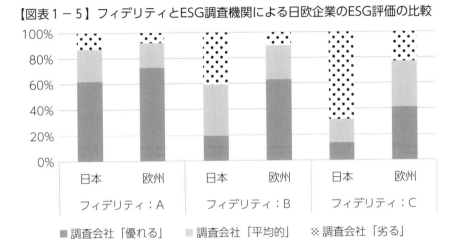

■ 調査会社「優れる」　　　■ 調査会社「平均的」　　　∴ 調査会社「劣る」

(出所)　フィデリティ「サステナビリティ・レーティング」，ESG調査機関3社の評価をもとに筆者作成

【図表1－6】日本企業の英文開示の有無とESG調査機関のESG評価の関係

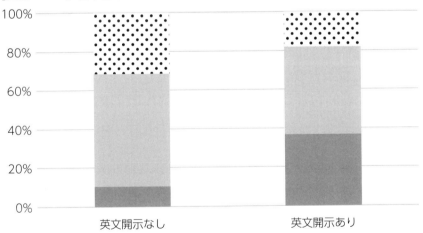

■ESG調査機関「良い」　　　■ESG調査機関「平均的」　　　∴ESG調査機関「悪い」

(出所)　ESG調査機関3社の評価をもとに筆者作成

2　日本企業に求められる英文開示とは

(1)　日本企業の英文開示の現状

　JPXは海外投資家における会社情報へのアクセスの改善および上場会社によ
る英語での会社情報の開示・提供の一層の促進を図る観点から,「JPX English
Disclosure GATE」を開設し,海外投資家および上場会社にとって有用と思わ
れる情報を提供している。その中で東証が定期的に発表している英文開示実施
状況調査集計レポート (2022年 7 月時点,**図表 1 − 7**)[16]によれば,決算短信,
その他の適時開示資料,株主総会関連書類,コーポレート・ガバナンス報告書,
有価証券報告書,IR説明会資料などのいずれかの会社資料をTDnetや企業ウェ
ブサイトで英文でも開示している上場会社の割合は,社数ベースで全市場では
56.0％,プライム市場では92.1％となっている。プライム市場では改訂された
コーポレートガバナンス・コードの中で英文開示が原則に含まれたことから,
コード改訂以前の2020年12月時点の79.7％から大きく進展しており,プライム
市場上場会社による積極的な取組みが確認できる。

　開示書類別の英文開示の取組み状況 (**図表 1 − 8**) を見ると,プライム市場
上場会社では79.2％が決算短信の英文開示を行っており,次いで株主総会招集
通知・参考書類が78.3％,IR説明会資料が68.8％となっている。一方,スタン
ダード市場やグロース市場においては上場企業による英文開示は十分ではなく,
決算短信やIR説明会資料で一部の企業が取り組んでいる程度にすぎない。プ
ライム市場上場会社で最も開示が進んでいる決算短信でも,スタンダード市場
上場会社,グロース市場上場会社の英文開示の割合はそれぞれ16.9％,28.9％
となっている。事業報告や有価証券報告書,コーポレート・ガバナンス報告書

16　東京証券取引所「英文開示実施状況調査集計レポート」
　　https://www.jpx.co.jp/equities/listed-co/disclosure-gate/survey-reports/nlsgeu000005qpys-
　　att/nlsgeu000006k03t.pdf

【図表1－7】 英文開示実施率の推移

（出所）　東京証券取引所「英文開示実施状況調査集計レポート」をもとに筆者作成

【図表1－8】 開示書類別にみた英文開示の取組み状況（％）

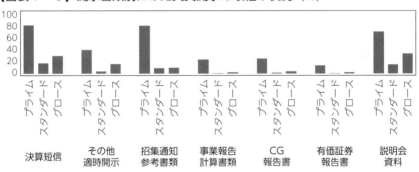

（出所）　東京証券取引所「英文開示実施状況調査集計レポート」をもとに筆者作成

では，プライム市場も含めてほとんど英文開示は進んでいない状況で，有価証券報告書に至ってはプライム市場上場会社でも13.8％にとどまっている。プライム市場上場会社は開示書類のうち必要とされる情報について，自社の株主や投資家のニーズ等を踏まえて検討することが求められているが，決算短信やIR説明会資料，株主総会招集通知・参考書類など，投資家による目先の投資判断や議決権行使判断に直接影響する開示書類を最優先のニーズとしてとらえて英文開示に取り組んでいる様子がわかる。

　コーポレートガバナンス・コード補充原則3-1②では，自社の株主におけ
る海外投資家等の比率も踏まえ，合理的な範囲で英文開示を行うことを求めて
いることから，外国人投資家の保有比率が30％以上の企業について英文開示へ
の取組みを確認した（**図表1-9**）。プライム市場上場会社では，決算短信，株
主総会招集通知・参考書類，IR説明会資料がそれぞれ94.6％，96.0％，94.5％
といずれも90％台となっている。スタンダード市場上場会社やグロース市場上
場会社についても軒並みその数値は上昇しており，積極的に英文開示に取り組
むことが外国人投資家からの投資を呼び込み，外国人保有比率の上昇につな
がった可能性も考えられる。ただし，こうした外国人保有比率が高い企業にお
いてさえ有価証券報告書の英文開示には消極的であり，プライム市場，スタン
ダード市場，グロース市場に上場する会社の英文開示の状況はそれぞれ28.1％，
7.1％，7.4％と，いずれの市場においてもすべての開示資料の中で一番低い水
準となっている。
　次に，英文開示で会社資料が発表されるタイミングについて確認した（**図表
1-10**）。プライム市場上場会社の中で決算短信の英文開示を行ったと回答し
た企業のうち，日本語と同時もしくは同じ日に英文でも開示を行っている企業
の割合は54.2％であった。「その他の適時開示情報」についても，投資判断に
影響を与えうる重要な情報として適時性が重要となるが，プライム市場上場会
社で日本語と同時もしくは同じ日に英文でも適時開示を行っている企業の割合
は，72.1％だった。株主総会招集通知・参考書類は，株主総会までの限られた
時間の中で議決権行使を行う必要があるため，即時性が非常に重要であるが，
プライム市場上場会社で日本語と同時もしくは同じ日に英文でも株主総会招集
通知の開示を行っている企業の割合は，68.9％となっている。同じ項目につい
て外国人保有比率30％以上のプライム市場上場会社について確認したところ，
それぞれ79.5％，88.0％，80.1％となっており，外国人投資家に対してより積
極的に英文で情報を開示する姿勢が確認できる。

【図表1－9】外国人保有比率30％以上の企業の開示書類別にみた英文開示の取組み状況（％）

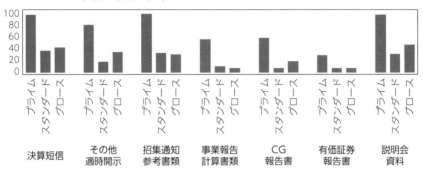

（出所） 東京証券取引所「英文開示実施状況調査集計レポート」をもとに筆者作成

【図表1－10】プライム市場上場会社の英文開示のタイミング

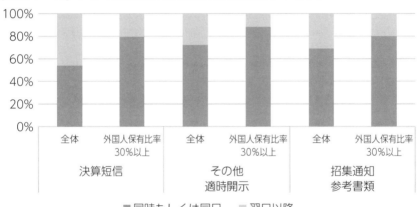

（出所） 東京証券取引所「英文開示実施状況調査集計レポート」をもとに筆者作成

(2) 外国人投資家による日本企業の英文開示に関する評価

　東証は2021年8月に「英文開示に関する海外投資家アンケート調査結果」[17]（以下「投資家アンケート調査」という）を公表した。グローバルの幅広い国々の海外機関投資家等からの回答54件を集計したもので，うち48件が機関投

【図表 1 −11】日本企業の英文開示に　**【図表 1 −12】**日本企業の英文開示の
　　　　　　対する満足度　　　　　　　　　　　　　改善度

全回答（54件）　　　　　　　　　　　　全回答（54件）

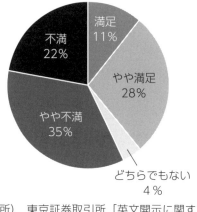

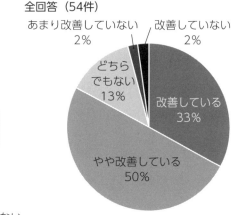

（出所）　東京証券取引所「英文開示に関する海外投資家アンケート調査結果」をも
　　　　とに筆者作成

資家で構成され，回答者の職種の約 8 割がファンドマネージャーやアナリスト
等で投資業務に関わっている。投資家アンケート調査では，日本の上場会社の
英文開示に「満足」，もしくは「やや満足している」と回答した外国人投資家
の割合はわずかに39％である一方，57％が現状について「不満」，もしくは
「やや不満」と回答している（**図表 1 −11**）。外国人投資家から挙げられた意見
としては，日本語の開示資料と比べて情報量に差がある，英文開示があっても
サマリーしかない，決算説明会が日本語しかない，開示のタイミングが遅い，
他の先進国市場と比較しても情報開示がひどい，特に中小企業で英文開示が遅
れている，などがあった。外国人投資家の83％は近年の英文開示の取組みが
「改善している」または「やや改善している」と肯定的な回答をしている（**図表**

17　東京証券取引所「英文開示に関する海外投資家アンケート調査結果」
　　https://www.jpx.co.jp/equities/listed-co/disclosure-gate/survey-reports/nlsgeu000005qpys-
　　att/nlsgeu000005qq18.pdf

【図表1−13】 英文開示が不十分であったことで投資活動に支障が生じた例

場面	外国人投資家の回答例
投資行動	✓英文開示をしていない場合，投資対象から外されてしまう ✓日本企業に他国の企業よりも高い資本コストを設定している（ディスカウントしている） ✓適時に情報が取得できないため，ウェイトを減らさざるを得なかった ✓情報開示が不十分な会社は，多くの海外投資家から見向きもされず，本来の評価を得られない
議決権行使	✓議決権行使までに十分な検討時間を確保できなかった ✓独自の立場で議決権行使することは非常に困難 ✓議決権行使前のタイムリーな情報がない会社には投資しない
対話，IRミーティング	✓IRミーティングの対話が深まらなかった ✓議決権行使や企業とのエンゲージメントの妨げになる

(出所) 東京証券取引所「英文開示に関する海外投資家アンケート調査結果」をもとに筆者作成

1−12) ものの，日本企業の英文開示の取組みは改善の余地が大きいといえる。

　まだまだ改善の余地を残す日本企業の英文開示への取組みであるが，外国人投資家の投資行動に直接的かつ深刻な影響をもたらしている。投資家アンケート調査では，不十分な英文開示による日本企業への投資活動の影響として，対話が深まらなかった，ディスカウントして評価せざるを得なかった，ウェイトを減らさざるを得なかった，議決権行使までに十分な検討時間を確保できなかった，ユニバースから外さざるを得なかったなどが挙げられている（図表1−13）。

(3) 外国人投資家から見た英文開示のニーズ

　投資家アンケート調査では，外国人投資家が英文開示を必要としている資料を確認することができる。調査対象としたすべての資料（決算短信，IR説明会資料，決算短信以外のその他適時開示資料，有価証券報告書，アニュアルレ

【図表1－14】外国人機関投資家が英文開示を必要とする資料

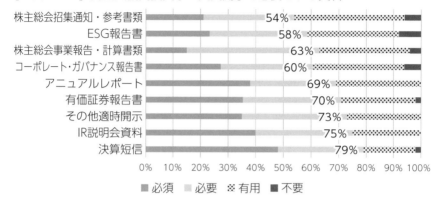

(出所)　東京証券取引所「英文開示に関する海外投資家アンケート調査結果」をも
とに筆者作成

**【図表1－15】英文開示におけるプライム市場上場会社の取組みと外国人投資
家のニーズ比較（％）**

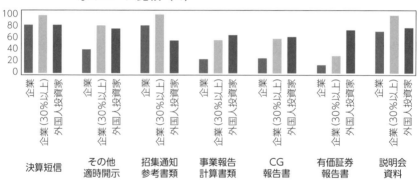

(出所)　東京証券取引所「英文開示に関する海外投資家アンケート調査結果」をも
とに筆者作成

ポート，コーポレート・ガバナンス報告書，事業報告・計算書類，ESG報告書，
招集通知・参考書類）について，英文開示を必須または必要とする回答が過半
を占めており，すべての開示資料について外国人投資家からの高い英文開示
ニーズが存在する。中でも決算短信，IR説明会資料，適時開示資料（決算短

信を除く），有価証券報告書の英文開示ニーズが特に高く，いずれも70％以上の外国人投資家が必須もしくは必要と回答している（**図表1-14**）。リアルタイムでの投資判断に主に用いられる決算短信，IR説明会資料，その他の適時開示資料のニーズが高いことは，企業が優先的に英文開示に取り組んでいる資料と一致している。興味深いのは，企業が最も英文開示に消極的な有価証券報告書について，外国人投資家のニーズが高いことである。逆に，企業が優先的に英文開示に取り組んでいる株主総会招集通知は，外国人投資家による英文開示のニーズが最も低くなっている（**図表1-15**）。

⑷　日本企業に求められる英文開示

　では，企業はどの資料を優先的に英文でも開示すべきだろうか。ここでは，企業が優先的に英文開示に取り組むべき主な資料について，投資家アンケート調査の内容なども参考にしながら，筆者の意見を資料別に紹介していく。

①　決算短信

　決算短信は外国人投資家からの英文開示ニーズが最も強い資料であるが，投資家アンケート調査では外国人投資家の79％が必須または必要と回答し，その理由として「最も時間に敏感な資料」など即時性について言及している回答が目立つ。決算短信は，業績，事業概況，ガイダンス，セグメント情報などの財務情報を中心に構成されており，リアルタイムの投資判断，株価に直接影響を及ぼす。また，新型コロナウイルス感染症の発生当初，東証が決算短信・四半期決算短信等で関連するリスク情報を早期開示することについて上場会社宛に要望を出した[18]ことからも明らかなように，投資家にとって最も早く企業の直近の業容について把握することができる資料となる。突発的な事由により会社の業容に影響が発生した場合に投資判断に重要と見込まれる情報であっても，日本企業は過度に間違いのない開示を指向した結果，積極的な適時開示を行っ

18　東京証券取引所「新型コロナウイルス感染症に関するリスク情報の早期開示のお願い」
　　https://www.jpx.co.jp/news/1023/20200318-01.html

ていないとの指摘もある[19]。こうした現状では，機関投資家にとって決算短信の位置づけはなおさら重要となる。決算短信は英文開示に取り組む上では基本中の基本の資料といえ，日本語と同じタイミングで英語版でも開示されることが強く望まれる。

②　IR説明会資料

決算短信と同様に外国人投資家からの英文開示ニーズが強く，投資家アンケート調査では外国人投資家の75％が必須または必要と回答している。同アンケート調査では，会社の事業戦略等について最も詳細な公表情報が含まれている，タイムリーで効果的に伝達する最良の方法であるなど決算短信を補足し，かつより詳細に分析するために有用との声が多くあった。IR説明会資料は，事業環境，事業戦略の計画対比の進捗状況と今後の見通し，KPIの推移，より詳細なセグメント情報，昨今はサステナビリティ課題への取組み状況など，企業をより深く分析し投資判断につなげていく情報が豊富に含まれている。また，図や表などを用いてわかりやすく解説されていることが多いことから，外国人投資家に対して正確な会社業容の理解促進を図る上で，重要な資料となる。

③　株主総会招集通知・参考書類

有価証券報告書とは逆に，企業は積極的に英文開示に取り組む一方，少なくとも投資家アンケート調査の結果では，外国人投資家からのニーズはそれほど高くなかった。外国人投資家からのニーズが高くないことは，議決権行使がスチュワードシップ責任において企業との対話と並んで中核的な位置づけにあることに鑑みれば意外な結果といえる。スチュワードシップ責任とは，機関投資家が，投資先企業やその事業環境等に関する深い理解のほか運用戦略に応じたサステナビリティの考慮に基づく建設的な「目的を持った対話」などを通じて，

19　第1回 金融審議会ディスクロージャーワーキング・グループ（令和4年度）事務局説明資料12頁。
　https://www.fsa.go.jp/singi/singi_kinyu/disclose_wg/siryou/20221005/02.pdf

当該企業の企業価値の向上や持続的成長を促すことにより，最終受益者の中長期的な投資リターンの拡大を図る責任のこと[20]である。

　外国人投資家，その中でも特に日本に拠点がない場合，議決権行使助言会社の方針を参考にすることが多いが，議決権行使助言会社が招集通知の議案や議決権行使判断に必要な情報を要約した上で英訳した情報を提供してくれるため，招集通知の原文に目を通す必要がないと考えているのかもしれない。議決権行使助言会社は限られた時間の中で膨大な量の議案を精査する必要があることに加えて，その影響力の大きさゆえに行使推奨の透明性や客観性，安定性を十分に担保する必要があることから，会社法施行規則等法令で定められた記載事項のみを判断材料として参照し，行使推奨方針を決定することが一般的である。その場合，企業がせっかく議案の理解促進のために補足情報等を追加したとしても，外国人投資家の議決権行使判断に反映されないこととなる。筆者が経験した例では，株式報酬の権利確定期間について，補足説明では3年であることが解説されていたが，法令で定められた記載事項の中では確認することができなかった。その結果，議決権行使助言会社は基準に抵触したものと判断して反対を推奨し，当該議案の賛成率が大きく低下したということがあった。こうした事態を避け，企業は株主総会においてより多くの賛成を得るためにも，株主総会関連資料は英文でも開示し，直接外国人投資家との意思疎通を図る機会を増やすことで議案の趣旨の理解に努めてもらうことが大切である。

　また，英文開示を行うタイミングは，日本語と同じであることが求められる。議決権電子行使プラットフォームを利用していない外国人投資家の場合，または利用していたとしてもプラットフォームがグローバルカストディアン（有価証券の保管・管理サービスを提供する機関）のシステムと互換性がない場合，株主総会招集通知や議決権行使書面は郵便で発送され，議決権行使事務代行業者等による議案の英訳作業，信託銀行等複数の金融機関の間でのマニュアルによる電子メールのやりとりなどで相当の日数が消費されるため，外国人投資家

20　日本版スチュワードシップ・コード5頁。
　　https://www.fsa.go.jp/news/r1/singi/20200324/01.pdf

が議案の検討に費やすことのできる時間は概ね2～3日程度，場合によっては議案を受領した当日に行使判断をしないといけないということもある。その場合，企業と対話する時間を確保することは難しくなる。外国人投資家が企業の実態を踏まえた実効性ある議決権行使を行うためにも，英文も含めて株主総会招集通知の早期発送が求められる。

④　事業報告

　投資家アンケート調査では，事業報告の英文開示が必須または必要と考える外国人投資家は63％となっており，決算短信ですでに確認した内容が中心であることもあり，目立ってニーズがあるということではない。ただし，多くの会社でカラーの図や表などを用いて株主にわかりやすく企業業績や取組みが伝わるよう工夫がされていること，企業業績や今後の取組み方針に加えて，会社の基本情報やコーポレート・ガバナンス関連の情報が網羅的に記載されていることから，基本的な会社の全体像を理解する上での一助となる。

　一方，取締役等の報酬に関する記載は企業のコーポレート・ガバナンスを理解する上で欠かせない情報となっている。取締役の報酬設計が企業価値向上のインセンティブとして適切に設計されているか，取締役報酬や業績連動報酬のKPIの当期実績はどうか，報酬決定の方針および決定プロセスは適切か，取締役の個人別の報酬決定プロセスが代表取締役に再一任されるなど代表取締役に過度に権限が集中していないか[21]，こうした情報は英文開示により外国人機関投資家に提供される必要がある。有価証券報告書にも同様の記載があるが，後述するとおり，とりわけ有価証券報告書の英文開示が遅れている現状では，事業報告での英文開示が重要になる。

⑤　有価証券報告書

　有価証券報告書は，企業の英文開示の取組みと外国人投資家のニーズに最も

21　フィデリティ投信株式会社「会社法改正に伴う議決権行使ガイドライン改定について」
https://www.fidelity.co.jp/static/japan/pdf/whatsnew/20210430.pdf

大きな乖離が生じている資料である。プライム市場上場企業の14％，外国人投資家の保有比率が30％以上のプライム市場上場会社においてさえ28％しか有価証券報告書の英文開示を行っていない一方，投資家アンケート調査によれば外国人機関投資家の71％が必須または必要と考えている。

　こうした乖離を受け，金融制度や資本市場などの重要事項についての調査・審議を目的に設置された，内閣総理大臣，金融庁長官および財務大臣の諮問機関である金融審議会の中の「ディスクロージャーワーキング・グループ」では，有価証券報告書の英文開示のあり方が議論された。会議では，委員からプライム市場上場会社においては有価証券報告書の英文開示を義務化すべきであるとの声も上がる一方，情報量が非常に多く，日本語と英語のニュアンスの違いから単純な翻訳が難しいことなど企業負担が大きいことを考慮して，特に有価証券報告書の中でも英文開示が求められる項目から優先して取り組んでいく方向で議論が進められた[22]。2022年6月13日に公表されたディスクロージャーワーキング・グループ報告書では，まずは，「事業等のリスク」，「経営者による財政状態，経営成績及びキャッシュ・フローの状況の分析」，「コーポレート・ガバナンスの概要」，「株式の保有状況」など利用ニーズの特に高い項目について，英文開示を行うことが重要であるとされている[23]。また，ディスクロージャーワーキング・グループ報告書では具体的にはとり上げられなかったものの，「役員の報酬等」も外国人機関投資家の利用ニーズは高いと考えられる。

　ディスクロージャーワーキング・グループでは，有価証券報告書におけるサステナビリティ情報の開示のあり方についても制度整備を行うべきとの提言がなされ，当該提言を踏まえ，パブリックコメントを経て2023年1月31日に，「企業内容等の開示に関する内閣府令」（以下「改正府令」という）の一部が改正された[24]。改正府令では，有価証券報告書に新たにサステナビリティ情報の「記載欄」を設け，企業のサステナビリティ課題に対応する枠組みとして，「ガ

22　金融審議会「ディスクロージャーワーキング・グループ」（第8回）議事録
　　https://www.fsa.go.jp/singi/singi_kinyu/disclose_wg/gijiroku/20220418.html
23　金融審議会「ディスクロージャーワーキング・グループ報告」
　　https://www.fsa.go.jp/singi/singi_kinyu/tosin/20220613/01.pdf

バナンス」と「リスク管理」をすべての企業に対する必須項目として，「戦略」と「指標と目標」は重要性に応じて企業に開示を求めている。また，中長期的な企業価値向上における人材戦略の重要性を踏まえた人的資本や多様性に関する情報を必須記載事項として，Scope1・Scope2のGHG排出量についても企業に積極的な開示を求めている。ディスクロージャーワーキング・グループ報告書では，こうしたサステナビリティ情報の英文開示についても期待するとされた（**図表１－16**）。

【図表１－16】有価証券報告書で優先的に英文開示が求められる項目

項　目	機関投資家の利用ニーズ
事業等のリスク	経営者が経営成績等に重要な影響を与える可能性があると認識している主要なリスクは何なのか，リスクが顕在化する可能性や時期，影響の程度，当該リスクへの対応策などは投資判断に影響を及ぼす重要な情報であり，特に新型コロナウイルス感染症の蔓延や気候変動など事業を取り巻く環境が著しく不透明さを増している環境下では，ますますその重要度が高まっている。
経営者による財政状態，経営成績およびキャッシュ・フローの状況の分析	いわゆるMD&A（Management Discussion And Analysis）と呼ばれるが，企業価値向上に向けた経営方針に対して当期の経営成績がどのようにつながっていくのか，KPIの達成状況等を交えながらの経営者の視点での振り返り，重要な会計上の見積りにおける不確実性の程度や影響の経営成績への影響の程度などが記載されていることから，投資判断に重要な影響を及ぼす情報となる。
コーポレート・ガバナンスの概要	企業が中長期の企業価値向上を果たしていく上で最適なコーポレート・ガバナンスのあり方は企業によって様々であり，提出日現在における業務執行者に対するモニタリングの考え方，内部統制システムやリスク管理体制，内部通報制度の内容を含めたコンプライアンス体制の整備の状況など，当該企業による企

24　金融庁「「企業内容等の開示に関する内閣府令」等の改正案に対するパブリックコメントの結果等について」
https://www.fsa.go.jp/news/r4/sonota/20230131/20230131.html

	業統治の体制のあり方を理解することができる。また，（任意の）指名委員会や報酬委員会の構成や委員長・活動状況についての情報，取締役会の権限の範囲などは対話や議決権行使判断の際の重要な情報となっている。
株式の保有状況	保有目的が純投資以外の目的である投資株式，いわゆる政策保有株式およびみなし保有株式についての残高や，銘柄，保有目的，取締役会による保有の適否に関する検証内容などの情報が記載されている。政策保有株式は日本企業の典型的なガバナンス課題としてグローバル投資家から強く非難されている。また，みなし保有株式は政策保有株式としての性格に加え，従業員の年金資産を無用な価格変動リスクにさらしている懸念がある。こうした情報は，ガバナンスや資産効率に関する対話，議決権行使の判断の際に欠かせない重要な情報となる。
役員の報酬等	取締役の報酬設計が企業価値向上のインセンティブとして適切に設計されているか，取締役報酬や業績連動報酬のKPIの当期実績はどうか，報酬決定の方針および決定プロセスは適切か，取締役の個人別の報酬決定プロセスが代表取締役に再一任されるなどガバナンス上の問題がないか[25]，投資判断や議決権行使判断，対話の際の重要な情報となる。
サステナビリティ情報	「企業内容等の開示に関する内閣府令」等の改正においては，サステナビリティ情報を認識し，その重要性を判断する枠組みとしての「ガバナンス」と「リスク管理」，「戦略」と「指標と目標」は各企業が「ガバナンス」と「リスク管理」の枠組みを通じて重要性を判断して開示することを求めている。また，中長期的な企業価値向上における人材戦略の重要性を踏まえた人的資本や多様性に関する情報，Scope1・Scope2のGHG排出量についても積極的な開示が期待されている。

(出所)　筆者作成（サステナビリティ情報は「記述情報の開示に関する原則（別添）」[26]をもとに作成）

25　フィデリティ投信株式会社「会社法改正に伴う議決権行使ガイドライン改定について」
　　https://www.fidelity.co.jp/static/japan/pdf/whatsnew/20210430.pdf
26　金融庁「記述情報の開示に関する原則（別添）」
　　https://www.fsa.go.jp/news/r4/sonota/20221107/05.pdf

　なお，有価証券報告書の英文開示のタイミングについて，世界の機関投資家等によって構成される国際的なガバナンスイニシアティブである国際コーポレートガバナンスネットワーク（ICGN：International Corporate Governance Network）は，2022年10月4日に発表した「ICGNの日本のガバナンスに関する優先課題」の中で，すべてのプライム市場上場会社に対して定時株主総会の30日前までに英文で有価証券報告書を開示することを求めている[27]。有価証券報告書は政策保有株式の状況や委員会等の活動状況などガバナンス関連の情報が豊富であり，加えてサステナビリティ情報も今後記載される予定であることに鑑みれば，機関投資家が実効的な議決権行使を行う上でますます重要な位置づけとなることから，企業においては英文も含めて株主総会前に開示することが強く期待される。

⑥　決算短信を除くその他の適時開示情報

　適時開示とは株価に影響を与えうる経営上の重要な情報を上場会社が速報性を重視して適時適切に公表するものであり，その趣旨から英文による開示も求められるところである。実際に投資家アンケート調査でも73％の外国人投資家が必須または必要と回答している。①決算短信の項目で触れたとおり，日本企業は投資判断に重要と見込まれる情報でも開示に消極的であり，ディスクロージャーワーキング・グループ報告書でも，2020年の新型コロナウイルス感染症拡大時には，決算発表時期の到来前に適時開示を行った日本企業は1割程度であったが，実際に2020年度第1四半期決算においては半数以上の企業において30％以上の減益が生じていた，との例が挙げられている。こうした状況に対して日本企業がより積極的に適時開示を行うことの重要性が報告書の中で指摘されており，今後決算短信を除くその他の適時開示情報の英文開示もますます求められるものと考えられる。

27　ICGN Japan Governance Priorities／ICGNの日本のガバナンスに関する優先課題1.2.
　　ICGN Japan Governance Priorities2022_FINAL（ENG and JP).pdf

⑦　コーポレート・ガバナンス報告書

　コーポレート・ガバナンス報告書の英文開示状況は，プライム市場上場会社全体では25％，外国人投資家保有比率30％以上のプライム市場上場会社では57％となっている。一方外国人投資家がコーポレート・ガバナンス報告書を必須，もしくは必要と考える割合は60％であり，企業における英文開示の取組み姿勢も，外国人投資家のニーズも，開示資料全体の優先順位の中ではまちまちの位置づけとなっている。しかし筆者は，多くの観点からコーポレート・ガバナンス報告書が実は機関投資家にとって欠かせない開示資料であると考えている。

　指名委員会または報酬委員会に相当する任意の委員会の構成や活動状況，委員長の情報は，しばしば機関投資家の議決権行使判断で利用されている。有価証券報告書の「コーポレート・ガバナンスの状況」でもこうした情報は記載されているが，わずか１％の企業しか有価証券報告書を定時株主総会前に発行していない現状[28]では，タイムリーに情報が更新され開示されるコーポレート・ガバナンス報告書の存在は欠かせない。適時性はコーポレート・ガバナンス報告書の大きな特徴であり，企業のガバナンス形態の変化を適時に把握することは，議決権行使のみならず企業と投資家との間での建設的な対話を促進する観点からも非常に役立っている。

　また，コーポレート・ガバナンス報告書は，その名のとおり企業のコーポレート・ガバナンスの状況が端的に説明されていることから，投資家が企業のコーポレート・ガバナンスの取組みを評価する重要なツールとなる。東証の有価証券上場規程445条の３では，上場会社はコーポレートガバナンス・コードの趣旨・精神を尊重してコーポレート・ガバナンスの充実に取り組むよう努めることを求めている。コーポレートガバナンス・コードの趣旨・精神とは，

28　第６回 金融審議会ディスクロージャーワーキング・グループ（令和３年度）事務局参考資料24頁。
　https://www.fsa.go.jp/singi/singi_kinyu/disclose_wg/siryou/20220218/02.pdf

コードの冒頭に記載されているとおり，「それぞれの会社において持続的な成長と中長期的な企業価値の向上のための自律的な対応が図られることを通じて，会社，投資家，ひいては経済全体の発展にも寄与すること」である。上場企業は，この趣旨・精神を踏まえた上で，コーポレートガバナンス・コードの各原則を実施するか，実施しない場合にはその理由をコーポレート・ガバナンス報告書に説明する（コンプライ・オア・エクスプレイン）ことが求められるが，企業のコンプライが果たして原則の趣旨に沿っているのか，エクスプレインをしている場合単に「検討中」とするのではなく，（今）遵守することが企業価値向上にとって適切でないことの説明がしっかり行われているのか[29]，機関投資家はコーポレート・ガバナンス報告書を通じて企業のコーポレート・ガバナンスへの取組みの実効性を見極めることができる。

　コーポレート・ガバナンス報告書のこうした位置づけに鑑みれば，企業にとって優先して英文開示に取り組むべき資料であるといえる。

⑧　統合報告書（アニュアルレポート）

　統合報告書（アニュアルレポート）は，企業側の英文開示状況は不明であるが，投資家アンケート調査では外国人投資家側の69％が必須，もしくは必要と考えており，開示のニーズは高い。統合報告書では，トップメッセージでは経営者の自らの言葉による熱意のこもったビジョンが発信されている。価値創造ストーリーでは，中長期の企業価値向上を果たす上での会社が有する財務，非財務を含めた資本とこうした資本への投資方針，なぜ同社だからこそできるのかなど，ビジネスモデルがストーリー性をもって解説されている。社外取締役メッセージは，一般株主を代表する立場からの経営陣に対する率直な問題提起を確認することができる。これらの情報は，中長期の企業価値向上に向けた取組みを評価する上で非常に有益な情報であり，英文での開示も期待される。

29　東京証券取引所市場区分の見直しに関するフォローアップ会議第2回フィデリティ投信説明資料14頁。
　　https://www.jpx.co.jp/equities/improvements/follow-up/nlsgeu000006gevo-att/nlsgeu000006m7p1.pdf

　また，統合報告書では，外部ESG調査機関の格付けについて触れる企業も多いが，格付けの結果だけに言及する場合が中心となっている。格付けの結果だけでは，その調査機関の評価の目的やプロセスが機関投資家のニーズと合致しているのか不明な場合があること，そもそも機関投資家はそれぞれの運用哲学や運用戦略に応じて自ら投資先企業のサステナビリティ評価を行うことから，結果よりもむしろ企業の回答内容のほうが重要となる。例えば，国際的な環境NGOであるCDPは企業の環境関連の情報開示や取組みについて格付けを行っているが，機関投資家の間でCDPのデータがよく参照されている大きな理由として，企業の全回答内容がデータベース化されており，会員であれば閲覧可能である点が挙げられる[30]。このようなESG調査機関等の評価に言及する場合，企業は結果だけでなく回答内容についても，例えば統合報告書で要約版，ウェブサイトでは全文を公開し，英文開示もあればグローバルの投資家からもサステナビリティ対応についての評価が高まりやすくなる。

30　CDP
　　https://www.cdp.net/en

3 英文開示が中長期の企業価値の向上につながる

　ここまで，日本企業にとって英文開示がますます重要になっていることとその背景，外国人投資家が英文開示に何を求めているのか，日本企業に期待される英文開示について説明してきた。本節では，英文開示に取り組むことが日本企業にとってどのような効果をもたらすのか，筆者の意見を述べたい。

(1) 外国人投資家からの多様な示唆

　第1節では，英文開示が日本企業に求められる背景について説明した。改訂コーポレートガバナンス・コードを遵守する形で英文開示を進めていけば，外国人投資家との対話が促進され，企業が持続的な企業価値向上を果たしていく上での有益な機会となる。そもそも株式市場の主な役割は，新興企業にとっては資金調達の場の提供が中心であるが，より成熟した企業にとっては，中長期の投資家との建設的な対話を通じた資本配分の監督機能の提供である。まさにプライム市場は，多くの機関投資家の投資対象になりうる規模の企業が上場する市場として位置づけられており，その創設の狙いから後者の役割がより強調されることとなる。企業は，英文開示により外国人投資家との対話機会が増加することで，グローバルスタンダードの観点や海外企業の先進事例を踏まえた多様な視点からの気づきが得られることが期待できる。外国人投資家にとっては，日本はホームマーケットではない。したがって，自国市場に上場する企業を筆頭に，他に投資先となる選択肢は豊富に存在し，日本企業への投資に必ずしもこだわる必要はないことから，必要性を感じれば遠慮なく改善を要求し，スピード感ある対応を求めてくることになる。また，特にサステナビリティ課題については欧州を中心に海外企業の取組みが先行していることから，こうした企業との対話経験を通じたベストプラクティスをもとに日本企業と対話を行うだろう。

　ジェンダー・ダイバーシティを例に挙げると，議決権行使助言会社のインスティテューショナル・シェアホルダー・サービシーズ（ISS：Institutional Shareholder Services）は2023年2月から日本向け議決権行使助言基準に女性取締役選任に関する基準を含めたが，ISSは多くの外国人投資家が参考としていることから，サステナビリティ課題の中でも注目度が高まっている。英国では，2012年に初めて財務報告評議会（FRC：Financial Reporting Council）が英国コーポレートガバナンス・コードを改訂し，取締役会のダイバーシティに関する方針策定を企業に求めることとなった。その結果，2011年時点では英国の代表的な企業で構成されるFTSE100の女性取締役比率は12.5％であったものが，2021年には39.1％にまで上昇した[31]。日本では，2018年6月のコーポレートガバナンス・コード改訂の際に，原則4－11で取締役会でのジェンダーや国際性の面を含む多様性が求められることとなったが，2017年におけるTOPIX100企業の女性取締役比率はわずか6.7％で，およそ5年が経過した2022年10月時点でもその割合は16.8％にすぎない[32]。女性取締役の選任がなかなか進まない企業の説明としてよく耳にするのが，「ジェンダー・ダイバーシティの重要性は認識しているが，取締役の選任については資質が最も重要であり，女性だからといって選任することはない」というものである。こうした企業に対しても，外国人投資家は英国での事例を踏まえながら，よりスピード感のある対応を求めてくることとなるだろう。その際は，ジェンダー・ダイバーシティの推進に成功した企業の事例，女性活躍や取締役会の多様性が企業価値向上に貢献した企業の事例などを踏まえながら，具体的で有益な提案を得られることが期待できる。

　また，気候変動の例では，海外の競合企業が積極的にカーボンニュートラル

31　GOV.UK「Sea-change in UK boardrooms as women make up nearly 40% of FTSE 100 top table roles」
https://www.gov.uk/government/news/sea-change-in-uk-boardrooms-as-women-make-up-nearly-40-of-ftse-100-top-table-roles#:~:text=Today's%20findings%20demonstrate%20a%20major,and%20FTSE%20350%20(37.6%25).
32　フィデリティ投信による計算。

を宣言し，その道筋として2030年のGHG排出量削減目標を掲げる一方，ある日本企業は，カーボンニュートラルに賛同するものの，消費者のニーズに合わせて商品を提供することがメーカーとしての役目であり，排出削減量を予測することは難しいとの考え方から，かたくなに削減目標を掲げることをしなかった。その後しばらくして，突如同社が積極的なGHG削減目標を掲げるということがあったが，その背景には，欧州の投資家との対話の中で，かたくなに目標を掲げない同社の姿勢があたかもカーボンニュートラルの流れに反対しているのではないかとの指摘があったようである。同社は市場へのメッセージとして目標を掲げることの重要性を認識し，また副次的な効果として目標を掲げ対外的にコミットすることが従業員の覚悟につながり，全社一丸となってカーボンニュートラルに突き進む推進力が高まったと語っていた。まさにグローバルの投資家との対話が，同社が資本配分のあり方，事業戦略を再検討するきっかけとなった例といえるだろう。

⑵　株主総会での賛成率向上

　英文開示が進めば，企業は株主総会運営でも大きな恩恵を受けることが期待できる。企業によって最適なコーポレート・ガバナンスのあり方は本来様々であると考えられるが，社外取締役の独立性や株式報酬制度，女性取締役の有無などの項目について，外形的に一般的なコーポレート・ガバナンスの考え方から乖離した場合，例えばある社外取締役について企業価値創造への貢献は著しいものの在任期間が長期にわたる場合，女性活躍推進に力を入れており女性管理職比率などはむしろ優れているのに今年はたまたま女性取締役の選任に至らなかった場合など，企業側から英文による説明がなければ，外国人投資家からのボックス・ティッキングな議決権行使（議案の機械的な賛否判断）を誘発しかねない。昨今統合報告書の発行などを通じて，気候変動や人的資本投資などのサステナビリティ課題を自社の経営戦略と関連づけ，企業価値向上の観点からストーリーとして説明することに成功している企業の事例は増えてきたものの，一方でコーポレート・ガバナンスについてはストーリーとして説明できて

いる企業は少ないとの外国人投資家による指摘もある[33]。自社のコーポレート・ガバナンスのふさわしいあり方について英文で積極的に説明をしていくことが，株主総会において外国人投資家からの賛成を得られることにつながる。

⑶　株主資本コストの低下

　サステナブルファイナンスの観点からは，ESG課題への適切な対応や非財務情報の企業戦略に関連づけた取組みの英文での開示が資本市場における評価につながると述べたが，これが本質的に意味するところは，英文開示を行うことが外国人投資家において企業のより深い理解につながることとなり，株主の要求リターンである株主資本コストの低下を通じて企業価値の向上に寄与するということである（株主資本コストについては「コラム：資本コスト」参照）。

　筆者は実際に，これまでに英文開示の有無が株式市場における企業の評価に影響を与えたと考えられる事例をいくつか見てきたので紹介する。

　研究機器メーカーのA社は売上高500億円規模のまだ中小規模の会社であるが，決算短信や決算説明会のプレゼンテーション資料は日本語と同時に英文でも開示を行っていた。しかし，投資家が注目している同社の成長ドライバーである米国市場における売上進捗は別に開示される決算補足資料からしか読み取ることができず，英文では開示されていない。決算説明会では経営陣から米国市場の動向について言及されるが，説明会は日本語で対面のみでの開催となっていることから，外国人投資家が参加しようとすれば毎回来日して通訳を伴う必要があった。A社の米国市場での競合にB社があるが，B社の製品の動向がA社の米国市場での売上に影響を及ぼすため，機関投資家はB社の決算発表には常に注目している。B社は米国企業で決算資料も説明会も当然ながらすべて英語で確認できるため，外国人投資家はB社の売上実績からA社の米国市場における売上動向を推測していた。実際にはA社とB社でターゲットとする顧客

33　東京証券取引所「「ICGN　日本のガバナンスに関する優先課題」動画配信のお知らせ」動画1時間2分30秒頃。
　　https://www.jpx.co.jp/news/1020/20221018-01.html

層が異なるためこうした推測は外れることも多く，その結果A社の株価はしば
しばファンダメンタルズから乖離した値動きをすることとなった。

　化学メーカーのY社は，かつては石油化学を中心とした事業展開を行ってい
たが，近年はより差別化が期待できる特殊化学品メーカーへの事業転換を図っ
て，ライフサイエンス事業の研究開発に注力していた。最近研究開発の成果が
ようやく新素材として形になり始めたことに加え，ライフサイエンス領域にお
ける顧客側での技術革新により新たな市場が誕生し，Y社の新素材が中核材料
として採用されたことから，業績は成長軌道に乗ることとなり，以後順調に売
上高と利益の拡大が続いた。ライフサイエンス事業は特殊化学品セグメントの
一部であったことから開示資料からその売上を読み取ることは難しく，また英
文による情報開示も限定的であったことから，外国人投資家の多くはY社の変
化に気づくことはなく，同じくライフサイエンス事業で成長を遂げる欧州の競
合他社と比較して株価評価は非常に低い水準にとどまっていた。また，温室効
果ガス排出量の目標が更新されていないなどサステナビリティ課題への対応の
遅れも目立ち，こうしたことも株価評価の低迷の原因と考えられた。同社の場
合，フィデリティ投信は不十分な情報開示の解消に向けて実際に経営陣やIR
チームと何度も対話を重ねた。Y社はフィデリティ投信の提案を真摯に受けと
め，その後資本市場とのコミュニケーションは大きく改善し，英文開示につい
ても統合報告書まで含めて英訳版が開示された。こうした取組みは株式市場で
も評価され，同社の株価の上昇につながった。

　研究機器メーカーA社の事例は，英文開示がないために外国人投資家には十
分に情報が伝わらず，結果として不確かな情報が株価に反映されていたという
ものであった。株価が本源的価値と乖離することは，投資家にとってある局面
では投資機会にもつながるが，いつまでも乖離が続くようであれば，長期投資
家であってもいずれ見限って売却することになるだろう。また，デイトレー
ダーなど短期志向の投資家でもない限り，不必要な株価の変動は通常好まれな
い。むしろ短期志向の投資家を引き寄せることになり，ますます株価の変動が
増幅する可能性がある。こうした不透明感，投資家の懸念は株主資本コストの

上昇につながり，企業価値を毀損することとなる。化学メーカーＹ社の事例では，英文開示の不足によりせっかくの新製品による成長力が見逃されていたことに加え，そもそも同社の資本市場とのコミュニケーション不足が株式市場においてのディスカウント評価をもたらしていた。フィデリティ投信との対話の結果，英文開示も含めてＹ社のIRに対する姿勢は大きく改善し，成長力の再評価と株式市場とのコミュニケーションの改善を通じた株主資本コストの低下の両側面から企業価値の向上につながった例といえる。

コラム　資本コスト

　コーポレートガバナンス・コード原則5－2では，「自社の資本コスト
を的確に把握」することを上場企業に求めている。資本コストとは，企業
の資金調達に伴うコストであり，投資家の立場からは資金の提供に伴い企
業に要求するリターンとなるが，資金調達には負債と株式があるため，一
般には債権者が要求するリターンである利子率と株主が要求するリターン
である株主資本コストとの加重平均によって計算される。利子率は契約等
で定められており把握可能であるが，株主資本コストは将来の配当（イン
カムゲイン）と将来の値上がり益（キャピタルゲイン）の合計であり，株
式市場の期待にすぎないため正確な計算方法はない。

　なるべく合理的に株主資本コストを計算する手法としてはCAPM
（Capital Asset Pricing Model，資本資産評価モデル）理論が知られて
いるが，日本証券アナリスト協会の調査では，資本コストを計算している
企業の87.1％がCAPM理論を利用していると回答している[34]。ただし，
CAPM理論は個別企業のリスクを規定する要素が市場全体と連動するリ
スク（ベータと呼ばれる）のみであり，実際には外部環境の変化やオペ
レーショナルリスク，競争環境の激化，経営者の交代，不祥事など様々な
要素が複雑に絡み合う企業のリスクを表現するにはあまりに単純すぎると
いえる。また，より重要なこととして，CAPM理論は過去の株式市場の
実績に基づいた計算式であることから，将来見通しを前提に投資をする株
式投資家から調達するコストの定義としては本来ふさわしいものではない。
したがってCAPM理論に基づき自社の株主資本コストを把握したとして
も，結局投資家との対話において意見がかみ合わない可能性が高くなる。

　株主資本コストは，債券と比較しながら考えるとわかりやすい。満期ま
で10年の債券を考えた場合に，利子率が2％であるA社と5％であるB
社を比較すると，B社はより倒産リスクが高いため，金利を5％支払わな
ければ投資家からお金を借りることができないと理解できる。また，他の
すべての条件が同じと仮定した場合，現在価値はB社のほうが安くなる。

34　日本証券アナリスト協会　「資本コストと企業価値向上」に関するアンケート調査結果
capitalcost.pdf（saa.or.jp）

　株式についても同様の考え方であり，X社とY社の株主資本コストがそれぞれ５％と８％であれば，Y社のほうが投資家からリスクが高いとみられていることを意味し，現在の株価評価も低くなる。したがって，投資情報ツールなどでも簡単に確認することができる株価評価から逆算して，今の株価が織り込んでいる，つまり今投資家が考えている自社の株主資本コストを把握することができる。もちろん株価評価はリスクだけではなく成長見通しの影響も大きく完全ではないが，自社と似たファンダメンタルズの特徴を持つ同業他社と比較したりすれば，投資家から自社が何らかの理由で他社よりリスクが高いとみられているのか，あるいはリスクが低いとみられているのか，おおよその見当をつけることが可能となる。

　図表１−17の例では，企業規模が同じ自動車メーカーA，B，C社について，予想株価収益率（PER：Price to Earnings Ratio）をもとに，株式市場が織り込んでいると考えられる株主資本コストを定率成長モデル（注）により計算している。同じ事業規模であっても株主資本コストの水準が異なっており，B社は株式市場が楽観的な期待を織り込む一方で，C社は株式市場が何らかの懸念を抱いていると推測できる。そうすれば，例えばC社はその懸念が何なのか特定を図り，解消を図っていくことで株主資本コストを低下させることができる。簡単ではあるものの実務においても非常に有効なアプローチであり，フィデリティ投信では実際にこうした材料を活用しながら，投資先企業と企業価値向上に向けた対話を行っている。

【図表１−17】株価収益率による株主資本コストの計算例

企業	売上高	予想株価収益率 (PER)	永久成長率	逆算して得られる株主資本コスト
自動車メーカーA	1兆円	15倍	0%	6.7%
自動車メーカーB	1兆円	20倍	0%	5.0%
自動車メーカーC	1兆円	10倍	0%	10.0%

注：定率成長モデルの公式「株価＝予想１株当たり利益÷（株主資本コスト−永久成長率）」。簡便化のため永久成長率をゼロとすれば，株価収益率の逆数が株主資本コストとして導かれる。

4 最後に

　日本の上場企業の現状を俯瞰する際に，TOPIX（東証株価指数）構成銘柄の半分以上が株価純資産倍率（PBR：Price to Book-value Ratio）1倍を割れているという事実がある[35]。PBRが1倍を割れているということは，つまり会社は事業を停止して資産をすべて売却したほうがましである，また成長率の水準にもよるが，株主資本コストを上回る利益を上げることができていないと株式市場から評価されていることを意味している。PBRは株主資本利益率（ROE：Return on Equity）と株価収益率（PER：Price to Earnings Ratio）により構成されている[36]ことから，PBRが改善し1倍を上回って推移するようになるためには，収益効率を改善すること（ROEの上昇），中長期の成長見通しに対して期待が持てるようになること（PERの上昇），経営の不透明感を払しょくくし株主資本コストが低下すること（PERの上昇）が求められることとなる。

　日本企業は歴史の長い企業ほどPBRが低迷するという傾向があるが，興味深いことに米国企業は全く逆で，歴史の長い企業ほどPBRが高い傾向が確認できる[37]。日本企業は持ち合い株式にみられる安定株主が多く存在するなどの理由により，成熟していく中で経営者が適切なリスクをとっていない可能性がある。実際に，日本企業と米国企業の最近10年間の事業買収や事業売却などM&Aの実施状況を確認してみると，日本の特に歴史の長い企業において最も実績が少ない傾向が確認でき，事業ポートフォリオの入れ替えに消極的な姿勢がうかが

35　東京証券取引所市場区分の見直しに関するフォローアップ会議第2回フィデリティ投信説明資料5頁。
　　https://www.jpx.co.jp/equities/improvements/follow-up/nlsgeu000006gevo-att/nlsgeu000006m7p1.pdf
36　PBR＝ROE×PER
37　東京証券取引所市場区分の見直しに関するフォローアップ会議第2回フィデリティ投信説明資料6頁。
　　https://www.jpx.co.jp/equities/improvements/follow-up/nlsgeu000006gevo-att/nlsgeu000006m7p1.pdf

【図表1−18】 TOPIX組み入れ時期別に見た日本企業の株主資本に占める M&A金額[38]割合の推移

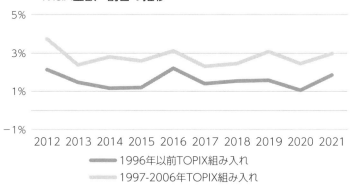

（出所） Refinitivデータをもとに筆者作成

【図表1−19】 S&P指数組み入れ時期別に見た米国企業の株主資本に占める M&A金額[38]割合の推移

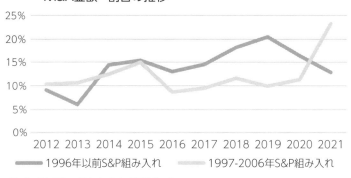

（出所） Refinitivデータをもとに筆者作成

える（**図表1−18，1−19**）。逆に言えば，成熟企業でも持続的な企業価値向上に向けた適切なリスクテイクが促されれば，米国企業のように市場での高い評価につながる可能性が十分にあるということである。

---

38 企業買収，事業買収，出資，身売り，事業売却，スピンオフの金額の合計。

英文開示が進めば，海外のベストプラクティスを知る外国人投資家との対話も活発になり，事業ポートフォリオの見直しなど最適な資本配分の促進，設備投資や研究開発投資，人的資本への投資などを含む将来への成長投資の促進により，収益効率の改善や将来の成長期待の向上が期待できる。またその一方で，日本企業の本来のサステナビリティ課題解消に向けた取組みや技術力の強さが正しく外国人投資家に理解されることで，経営の不透明感が払しょくされることが期待できる。英文開示を通じた外国人投資家との対話がきっかけとなることで，こうした日本企業の持続的な企業価値向上に向けた取組みの加速と理解がもたらされ，それに伴って資本市場での評価の向上につながっていけばと考えている。本書がその一助となれば幸いである。

第 **2** 章

英文開示の実践
～受動態から能動態の
英文開示へ～

株式会社プロネクサス
システムコンサルティング事業部事業管理室長
児玉高直

1　上場企業と英文開示

(1)　はじめに

　日本の上場企業に対して英文開示を求める外国人投資家が，どのような情報を活用し，意思決定を行っているのか，第1章では考え方や判断基準，具体的に必要としている情報群について，きわめて重要な手がかりと示唆が得られた。日本の証券市場で主要な位置を占めている外国人投資家のニーズに合わせた情報をそろえて，適切なタイミングで英文開示をしていくことの必要性は，もはや疑いようもない。

　さらに，気候変動や人的資本の活用など，情報開示の基準を国際的に統合していく動きが続いている[1]。日本語のみならず英語や，その他必要な言語で情報を開示していくことは，自社の存在を広く知らしめる活動の第一歩として重要性を増している。

　第2章では，情報の出し手である上場企業が英文開示をどのようにとらえてきたのかを簡単に振り返り，今後どう取り組んでいくべきかを考察していく。

　なお，本章で記載する内容はすべて筆者個人の見解となっており，筆者が所属する組織や本書発行の出版社の見解を代表するものではないことに留意されたい。あわせて，本章で取り上げる情報等について，認識の誤りや解釈の間違いなどがある場合も，筆者個人の責任であることを明記しておく。

(2)　上場企業の英文開示の現状

①　コーポレートガバナンス・コード公表前後の変化

　日本の上場企業が英文開示を始める大きな契機となったのは，2014年に公表

　1　ISSB（International Sustainability Standards Board）など。

されたコーポレートガバナンス・コード（以下，本章では「CGコード」とい
う）といえる。

【図表2－1】 上場企業の英文書類開示状況推移※（TDnetへの英文開示）

図表2－1は，TDnet（適時開示情報伝達システム）に開示された英文書類
件数（※招集通知は含まれていない）の2013年から2022年の推移を時系列で整
理したものである。

このグラフからわかるように，2014年以降，TDnetに何らかの英文書類を掲
載した上場企業数，書類件数が明らかに増加している。

CGコードにおいて英文開示への対応が明記されたことにより，上場企業は
英文開示に関する取組みを進めるか（コンプライ），進めない場合にはその旨
をコーポレート・ガバナンス報告書で説明する（エクスプレイン）ことが
求められるようになった[2]。

コンプライ，もしくはエクスプレイン，いずれかの対応を検討した結果，多
くの上場企業はコンプライ，つまり英文開示への対応を選択した[3]。

上場企業の英文開示が社数・書類数ベースで増加傾向に入ったことで，CG
コードに記載された英文開示の促進については，一定の目的を達成したといえ

---

2 コーポレートガバナンス・コード
https://www.jpx.co.jp/equities/listing/cg/index.html

る。その一方で，CGコードにコンプライするための，いわば受動的な英文開示という側面もあるためか，英文開示が増加した書類は株主総会招集通知や決算短信に集中していたことも，この時期の特徴といえる。

　特に，CGコード補充原則1－2④では株主総会招集通知の英文開示が推奨されたこともあり，「招集通知の英文開示をやらなければならない」という空気が，上場企業に急激に広まった。

【図表2－2】上場企業の英文招集通知開示状況推移（TDnetへの英文開示）

　図表2－2に示すように，2015年から2017年の3年間で，株主総会招集通知を英文開示する上場企業数が2倍になった（468社→921社）ことからも，その状況がみてとれる。

　一方，決算短信の英文開示は，2013年から2019年あたりまでゆるやかな増加傾向だったものが，市場再編が具体化し始めた2019年以降，急速に増加した（図表2－3）。

3　コーポレートガバナンス・コードへの対応状況（2016年1月20日東京証券取引所発行）5頁では，補充原則3－1②「海外投資家等の比率等を踏まえた英語での情報の開示・提供の推進」において，実施（コンプライ）74.2%　説明（エクスプレイン）25.8%となっている。https://www.jpx.co.jp/equities/listing/cg/index.html

【図表 2 － 3】上場企業の英文決算短信開示状況推移（TDnetへの英文開示）

②　東証市場再編に備えた英文開示の促進

　2018年のCGコード改訂をはさんで，2021年にCGコードは三度目の改訂を迎えた。2022年 4 月の東京証券取引所市場再編（東証市場区分を変更し，プライム・スタンダード・グロースに再編する一連の動き）に合わせて，特にプライム市場上場企業には，株主総会の招集通知や決算短信など，限られた書類の英文開示に取り組むだけではなく，"必要な情報を"，"合理的な範囲で" 英文開示していくことなどが明記された[4]。

　また，上場企業の英文開示を支援するための東証の活動も活発化[5]し，英文開示に対応する上場企業がさらに増加した。とりわけ，上場企業に対する英文開示状況のアンケート調査[6]や，海外投資家に対する日本の上場企業の英文開示の取組みに対するアンケート調査[7]などの公表により，より具体的に英文開示を検討する企業が増加した。

4　2021年 6 月11日公表「コーポレートガバナンス・コード（改訂前からの変更点）」参照。
　　https://www.jpx.co.jp/news/1020/nlsgeu000005ln9r-att/nlsgeu000005lnee.pdf
5　JPX English Disclosure GATEでの情報やひな型の提供など。
　　https://www.jpx.co.jp/equities/listed-co/disclosure-gate/
6　https://www.jpx.co.jp/english/equities/listed-co/disclosure-gate/availability/index.html
7　https://www.jpx.co.jp/corporate/news/news-releases/0060/20210830-01.html

(3) 東証市場再編から現在（2022年11月時点）

　2022年4月の東証市場再編で，プライム市場を選択した上場会社にとって，グローバルな投資家を念頭に置いた対話の前提として，英文開示は避けられない[8]。また，特に将来的に成長力の高い企業を探索している投資家は，各社の事業内容や成長可能性，想定される企業価値に対する現在の株価などを考慮した投資判断をすると考えられることから，スタンダード市場上場会社，グロース市場上場会社であっても，積極的に英文開示を進める上場企業もみられるようになっている。

(4) 上場企業の英文開示に対する"態"の違い

　ここまで概観してきたように，CGコードの公表を受けて英文開示を行う上場企業が増加する一方で，その基本姿勢は大きく2つに分類することができる。

> 受動態の英文開示：
> CGコード対応や外部からの要請や指摘を受けて，"受動的に"情報を発信する
> 能動態の英文開示：
> 投資家やステークホルダーが，どのような情報を欲しているかを"能動的に"把握し，適時適切な形で情報を発信する

　2014年のCGコード公表から東証市場再編直前の2021年頃までは，どちらかというと受動態の英文開示が主流となっており，能動態の英文開示は一部のグローバル企業や，海外IRに積極的な企業に限定されている。また，受動態の英文開示においても，英文開示の対象書類が上場企業によってバラついている

8　プライム市場のコンセプトは，「多くの機関投資家の投資対象になりうる規模の時価総額（流動性）を持ち，より高いガバナンス水準を備え，投資者との建設的な対話を中心に据えて持続的な成長と中長期的な企業価値の向上にコミットする企業向けの市場」となっている。
https://www.jpx.co.jp/equities/market-restructure/market-segments/index.html

状況もある。

　外国人投資家からみると，比較対象となる企業の情報が英語でそろわないといったことから，投資判断以前に情報収集にコストがかかる状況が予想される。このことは，十分な分析がなされないまま，結果として企業価値評価を下げるだけではなく，たとえばESG情報開示が不足している＝ESG視点での取組みをしていない，という判断を誘発することになり，結果としてその企業のサステナビリティ自体に疑念を抱かせることになりかねない。東証や金融審議会ディスクロージャーワーキング・グループの議論，ICGNの提言[9]などの底流には，日本の上場企業が英文開示において，"受動態"から"能動態"に転換していくことへの期待があると筆者は考えている。そのことの意味は，単に外国人投資家が多いから英文開示が必要であるとか，CGコードに記載されている範囲での最低限の対応をしよう，といった状態にとどまることにより，各企業が被る不利益だけでなく，日本の証券市場の魅力が全体として低下していくことに強い懸念を持っているためだと考えている。

　こうした前提認識に立った上で，次節から上場企業がどのように英文開示に取り組んでいけばよいのか，考察していく。

9　International Corporate Governance Network「日本のガバナンスに関する優先課題」2022年10月公表。
https://www.icgn.org/icgn-japan-governance-priorities-icgn-noribennokahanansuniguansuru youxianketi

2　上場企業の実態に合わせた多様な英文開示の設計

(1)　上場企業の多様性に合わせた英文開示

　2022年12月末現在，東京証券取引所への上場企業は，3,866社となっている。本書で取り扱うのは，TOKYO PRO Market上場企業を除く，プライム，スタンダード，グロースのいずれかの市場に上場している会社の英文開示状況となる。

　当然のことながら，3,866社は事業内容や規模，株主構成，上場からの年数など千差万別であり，一様にとらえることはできない。CGコードのように，基本的な原則とその前提となる考え方を提示することで，具体的な行動は各社の判断に委ねる，といった原則主義をとる以上，その対応が多様になること自体，当然の帰結といえる。

　しかしながら，上場企業に英文開示を求める場合，"どの書類を"，"どのような範囲で"，"いつまでに"行うべきか，といった，行動の結果に焦点を当てた議論が多くなっていることについて，上場企業の担当者から疑問の声を聞くことも少なくない。筆者自身，各社の事業発展段階や，創業～成長～成熟～衰退～新再生といったダイナミクスがある以上，ある時点を切り取った場合，英文開示においては質・量に差があること自体は，自然だと考えている。そこで，本節では上場企業側の視点から，多様な英文開示のあり方を探索していきたい。

　なお，誤解を避けるために明記しておくと，本章では，投資家やステークホルダーが必要としている情報を主体的に把握して，必要な情報を英文開示していくことを，"能動態の英文開示"と定義している。現時点で，他社と比較して英文開示している書類が多いか少ないか，ということよりも，自社がどのような情報開示を期待されているのか，といったことを念頭に置きながら，その段階で最適な英文開示を選択することが重要だと考えている。情報不足だけで

なく，情報過多により重要な情報が埋もれていくリスクも考慮し，情報の受け手を念頭に置いた英文開示の設計が求められていると考えている。

⑵　時価総額×外国人持ち株比率で考える英文開示

　最適な英文開示を検討するにあたり，まずは，日本の上場企業の中で自社がどのような位置にあるのかを把握することから始めてみたい。ここでは，縦軸に外国人持ち株比率，横軸に時価総額をとった散布図を準備した。

■時価総額×外国人持ち株比率

【図表 2 － 4 】上場企業全体における時価総額と外国人持ち株比率

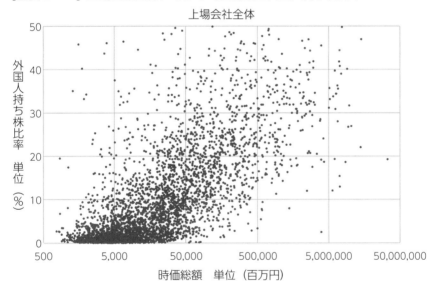

・縦軸：外国人持ち株比率　　単位：％
・横軸：時価総額（横軸は対数表示にしている）　単位：百万円
データの収集時期：2022年11月末時点

　縦軸に外国人持ち株比率をとった理由として，株主構成に合わせた情報開示

を行う以上，外国人持ち株比率が，各社の英文開示の質・量に影響すると考えられるためである。実際に，コーポレート・ガバナンス報告書で英文開示の記述がある場合，自社の株主構成に言及しているケースがある[10]。

　一方，横軸の時価総額は，時価総額が大きくなれば相対的に発行済み株式数も多くなり，株主数も多くなると考えられることから，外国人投資家だけではなく多様な投資家やステークホルダーからの情報開示に関する要望が多くなると考えるためである。

　なお，定量的なデータは株式会社アイ・エヌ情報センターの上場企業開示情報データベースeol[11]を活用している。

　後掲の**図表2－7**に表示している記号は，上場企業全体および，プライム，スタンダード，グロースの各市場における事業の時価総額，外国人持ち株比率の平均値を示している。代表的な数値の平均は**図表2－5**，**2－6**に示している。

【図表2－5】東証市場区分別の平均時価総額など

	市場区分	企業数	時価総額平均 (百万円)	外国人持ち株 比率平均(%)	ROE平均 (%)	PBR平均 (倍)	上場後 の年数
●	プライム	1,825	395,450	16.9	9.9	1.9	36.0
■	スタンダード	1,442	15,462	5.2	2.3	1.2	29.7
◆	グロース	474	15,192	7.5	−1.3	5.3	5.7
★	上場企業全体(東証)	3,741	200,745	11.3	5.6	2.1	29.7

　英文開示の設計を進めるにあたり，上場企業全体における自社の位置を確認して，時価総額や外国人持ち株比率にふさわしい英文開示が実施できているか，今後，どのような英文開示が必要になるかなどを確認する。

10　2021年1月1日～2022年11月25日までに開示されたコーポレート・ガバナンス報告書の中で英文の言及がある1,764件のうち，説明文に株主構成を入れているものが27%（筆者調べ）。
11　本章のデータ分析は，eolを活用して分析している。
　　https://www.indb.co.jp/

　なお，本章において東証市場区分で英文開示の設計を分けることはせず，数値のみで次項(3)のグループ分けをしている。

(3)　英文開示を検討するための上場企業セグメンテーション

　図表2－4において，時価総額と外国人持ち株比率が極めて大きく図の右上に位置している上場企業と，左下に位置している上場企業とでは，投資家やステークホルダーから期待される英文開示の質と量が，かなり異なっていると考えられる。また，プライム・スタンダード・グロースのいずれの市場に上場していたとしても，散布図上の位置によっては，英文開示が必要な情報が自社で認識しているよりも多いことも十分にありうる。

　そこで，本項では以下のようにグループ分けを行い，それぞれのグループで必要となりうる英文開示を検討することにした。

　グループは，時価総額をベースにA～Eの5つに分けており，図表2－6に各グループの代表的な数値をまとめた。

【図表2－6】グループ別の平均時価総額など

グループ	時価総額範囲（百万円）	企業数	時価総額平均（百万円）	外国人持ち株比率平均(%)	ROE平均(%)	PBR平均(倍)	上場後の年数	プライム	スタンダード	グロース
A	395,000以上	300	1,998,067	31.0	12.3	2.5	46.1	292	8	0
B	200,000以上	197	276,549	23.2	9.5	2.8	42.4	191	4	2
C	65,000以上	460	111,983	18.8	9.4	2.4	34.7	409	34	17
D	25,000以上	654	40,287	12.6	11.3	2.4	31.1	506	103	45
E	25,000未満	2,130	8,757	5.3	1.7	1.7	24.8	427	1,293	410

　次に，グループごとの統計数値を算出し，散布図へのプロットを行った（図表2－7）。

【図表2-7】グループ別時価総額×外国人持ち株比率

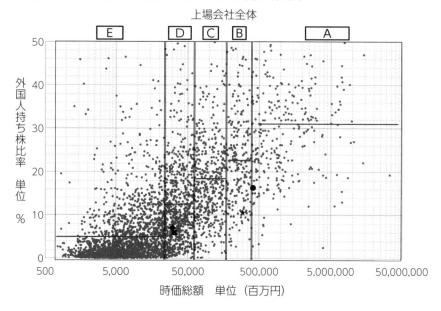

・図表2-7中の横線：各グループの外国人持ち株比率の平均

ここからは，グループごとの英文開示を考察していく。

【Aグループ：上場企業全体の時価総額約80％を占める上位300社】

グループ	時価総額範囲 （百万円）	企業数	時価総額平均 （百万円）	外国人持ち株 比率平均(%)	ROE平均 (%)	PBR平均 (倍)	上場後 の年数
A	395,000以上	300	1,998,067	31.0	12.3	2.5	46.1

　Aグループに分類される上場企業は，短期の収益増減や事業の競争力だけではなく，ESG関連分野において，ネガティブなインパクトの低減にどのように取り組み，新しい時代においてどのような価値を創造しようとしているのかなど，社会的な機能を担う主体としての情報開示も求められるグループと考えられる。また，金融資本だけでなく，自然資本や人的資本など様々な資源が，全

地球的に見て有限であるという前提が幅広く共有されている時代において，内部に持っている資源が有効に活用されているかどうか，シビアな視線を向けられることが多くなることも想定される。成熟期に入った事業から成長領域への移行戦略や，自社では有効に活用することが難しくなった各種の資本をどのような形で社会に還元するのか，といった説明も必要になってくるかもしれない。

　加えて，組織や事業規模が大きく，従業員だけではなくその家族や取引先が全世界に存在することや，ステークホルダーの多様性を考えると，企業経営の健全性を確保するための仕組みや，是正する能力を備えているかどうかを伝えるという観点で，経営者の資質や能力，ガバナンスが機能するかどうかを外部から確認できるようにするための情報開示などが必須となる。

【Bグループ：上位301社〜上場企業全体の時価総額平均を超える197社】

グループ	時価総額範囲（百万円）	企業数	時価総額平均（百万円）	外国人持ち株比率平均(%)	ROE平均(%)	PBR平均(倍)	上場後の年数
B	200,000以上	197	276,549	23.2	9.5	2.8	42.4

　Bグループは，プライム市場上場企業の中でも，時価総額が平均以上となっており，Aグループになりつつある企業も数多く含まれている。そのため，Aグループが投資家やステークホルダーから期待される情報開示と，基本的にそろえていく必要がある。

【Cグループ：プライム市場上場〜スタンダード市場上場平均の460社】

グループ	時価総額範囲（百万円）	企業数	時価総額平均（百万円）	外国人持ち株比率平均(%)	ROE平均(%)	PBR平均(倍)	上場後の年数
C	65,000以上	460	111,983	18.8	9.4	2.4	34.7

　Cグループは，プライム市場上場企業が多くなっている一方で，スタンダード市場上場企業も散見されるようになっている。外国人持ち株比率平均は

18.5％となっており，**図表2－5**のプライム市場上場企業の平均よりも高いことから，CGコードにおける英文開示の要請に対応しつつ，どのような情報を期待されているのか，主体的な探索が必要な段階にあるといえる。その意味では，本章における"能動態の英文開示"に取り組んでいく必要性の高いグループ，と位置づけることができる。

【Dグループ：プライム市場上場基準流通時価総額250億円を超えている654社】

グループ	時価総額範囲 （百万円）	企業数	時価総額平均 （百万円）	外国人持ち株 比率平均(%)	ROE平均 (%)	PBR平均 (倍)	上場後 の年数
D	25,000以上	654	40,287	12.6	11.3	2.4	31.1

　上場年数が平均31.1年となっており，上場からこれまでの成長を牽引してきた事業の再構築や，新事業領域への転換などに取り組んでいる企業も多いと考えられる。外国人投資家にとって，企業数が多いことから個別銘柄を選別していく探索コストが高いグループである，とみることもできる。そのため，市場環境や主な競合，比較対象となりうるビジネスを展開しているグローバルで著名な企業などの情報などを交えて，自社の概要を正確に把握してもらうための情報開示が重要である。また，ROEがBグループ，CグループのROE平均より高いにもかかわらず，PBRがDグループの平均値よりも低い企業は，発信するべき情報とその発信先の再検討なども必要となるだろう。

　外国人持ち株比率平均が10％を超えているため，それらの情報を英文開示することも具体的に検討し，1つずつ実行に移していくことが求められる。

【Eグループ：時価総額が250億円未満となるグループ】

グループ	時価総額範囲 （百万円）	企業数	時価総額平均 （百万円）	外国人持ち株 比率平均(%)	ROE平均 (%)	PBR平均 (倍)	上場後 の年数
E	25,000未満	2,130	8,757	5.3	1.7	1.7	24.8

　最も企業数が多くなっているため，Ｄグループ以上に投資家やステークホルダーが個別銘柄を探索するコストが高いといえる。上場からの平均年数が24.8年と，他のグループと比べると，比較的新しい企業が多くなっており，Ｄグループが取り組む英文開示を当面の目標としつつ，中長期的に描いている成長軌道を説明することも重要である。どちらかといえば，中核的な技術やビジネスモデルに特徴がある企業が多いと考えられる（グロース市場上場企業の大半がＥグループに入っている）ことから，コアコンピタンスの詳細説明なども重要かもしれない。利益に関連する指標よりも，成長性を示すKPIなどの開示のほうが求められる可能性もある。自社をどのように定義し，何を目指しているかを示すといった意味で，より経営理念やミッションなどの説明が期待される。

　最後に，各グループで想定される英文開示の目的と特徴的な英文開示例として整理した（**図表2－8**）。

【図表2－8】各グループで想定される英文開示の目的と特徴的な英文開示例

グループ	英文開示の目的	特徴的な英文開示例
A	国外の幅広い投資家からのエンゲージメント獲得，維持・向上	○○ Philosophy, ○○ Way, Code of Conduct, Long-Term Strategy
B	国外の幅広い投資家からのエンゲージメント獲得，維持・向上	○○ Philosophy, ○○ Way, Code of Conduct, Strategic Resource Planning
C	グローバル視点での比較検討の上，投資先として選ばれるための情報発信	Business Model, Strength, Sources of Growth
D	グローバル視点での投資先として，認知獲得を目指す情報発信	Story, History, About ○○ (What We do)
E	国内外にかかわらず，投資家が必要とする情報の円滑な提供	Financial Statements, Company Profile, Investors' Guide

（注）　○○は，英文開示をしている企業名が入ることを想定している。

　グループＡ：国内外の幅広い投資家から，エンゲージメントを高めてもらうことが英文開示の目的の１つとするならば，あらためて企業が根底に持ってい

る価値観（Philosophy）や，それに基づいた行動指針（○○ Way，Code of Conduct）を，より丁寧に説明することが重要になるだろう。また，長期的な社会変化の展望と，その中で自社の存在を定義するという観点から，Long-Term Strategyの開示も有効だと考えられる。

　グループB：基本的にグループAと同様の英文開示が期待されると思われるが，競争市場におけるチャレンジャー的なポジションをとる企業であれば，戦略的な資源配分（Strategic Resource Planning）に関する具体的な情報が期待されることもありうる。

　グループC：日本国内では一流企業として認知も十分であり，グローバル投資の比較検討先の一角を占めることを目指す企業も多いと考えられる。比較対象は日本国内の同業他社ではない，という前提認識に立った上で，ビジネスモデル（Business Model）や，競争優位を生み出す強み（Strength），成長力の源泉（Strength，Sources of Growth）といった情報を，グローバル投資家に合わせた形で英文開示することが，課題となるだろう。

　グループD：グローバルな投資先として，認知獲得を目指すことがこのグループの主たる目的と定義すると，自社をわかりやすく説明することが重要である。自社の来歴をストーリーとして整理することで，現在の事業に取り組む理由や将来見通しに関する説明の説得力も増すだろう。そうした視点で，Story，History，About ○○，といった情報を海外投資家に理解しやすい形でまとめていくことが期待される。

　グループE：投資判断に必要とされる基本情報の円滑な提供は，どのグループの企業でも必要となるため，まずはグローバル投資家向けに英文資料を揃えていくことになる。財務情報（Financial Statements）や会社に関する基本情報（Company Profile），投資する際に参照してほしい情報（Investors' Guide）の英語版などの準備が，始点になるだろう。

＊　　＊　　＊

　以上のような形で，上場企業全体をA〜Eの5つのグループに分けて，それぞれの段階においてどのような英文開示に取り組む必要があるかを考察してみ

た。

英文開示を具体的に設計する上で，あまり類例のないやり方で，筆者の考えに基づくものなので，欠点も考慮しながら活用してほしい。

また，ROEとPBRを活用したセグメンテーションでも，また違った視点が得られる可能性があることを確認しているが，ここでは紙面の都合上割愛し，平均値のみを提示している。

別の機会があれば，さらに検討を進めてみたい。

(4) 各グループにおける英文開示の課題

本項では，グループごとの特性を考慮した上で，どのような書類や情報で英文開示を進めればよいか，さらに検討する。

現状の英文開示状況をグループ別に再集計した結果から，分析作業を始めたい。

調査方法：東証が公表している上場企業へのアンケート調査結果[12]をもとに，(3)で作成したA～Eのグループごとに筆者が再集計した。

【図表2-9】グループ別の英文開示比率

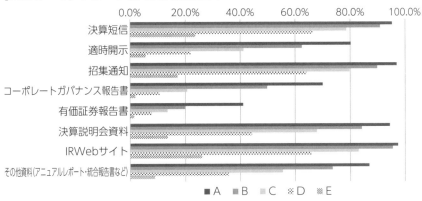

---

12 https://www.jpx.co.jp/english/equities/listed-co/disclosure-gate/availability/index.html

グループ	決算短信	適時開示	招集通知	コーポレート・ガバナンス報告書	有価証券報告書	決算説明会資料	IRWebサイト	その他資料(アニュアルレポート・統合報告書など)
A	95.3%	80.3%	97.0%	70.0%	41.0%	94.3%	97.3%	87.0%
B	90.9%	62.4%	89.8%	49.7%	19.8%	84.3%	95.4%	73.6%
C	78.7%	41.1%	79.8%	20.7%	13.5%	67.8%	83.0%	55.4%
D	66.4%	22.0%	64.1%	10.6%	7.8%	44.2%	66.1%	35.6%
E	23.8%	5.8%	17.2%	1.9%	1.4%	13.5%	26.1%	9.0%

　グループ別の英文開示状況を確認してみると，やはり時価総額，外国人持ち株比率が高いグループAから，英文開示が進んでいることがわかる。また，有価証券報告書の英文開示比率が，すべてのグループで低いことがわかる。その一方で，その他資料（アニュアルレポートや統合報告書）の英文作成比率が，グループA，グループBでは比較的高いことから，有価証券報告書ではなく，アニュアルレポートや統合報告書などの資料で，必要な情報の英文開示が進んでいることが推察される。

　以下，グループ別に英文開示の設計を検討する。

①　グループAの英文開示

【英文開示比率】

A	決算短信	適時開示	招集通知	コーポレート・ガバナンス報告書	有価証券報告書	決算説明会資料	IRWebサイト	その他資料(アニュアルレポート・統合報告書など)
英文開示比率	95.3%	80.3%	97.0%	70.0%	41.0%	94.3%	97.3%	87.0%

■グループAの課題

　グループAに入る企業にとっての課題は，有価証券報告書の英文開示となっている。有価証券報告書の英文開示に対する具体的な要望が多くなっている一方で，こうした議論が出てくる以前からアニュアルレポートや統合報告書を作

成し，日本語と英語で開示してきた企業も多いため，有価証券報告書の英文開
示をさらに追加するのか，アニュアルレポートや統合報告書に有価証券報告書
の記述内容を追加していくのか，それとも書類自体を整理し統廃合するのかな
ど，様々な選択肢がありうる。この点については，次節で言及するISSBとグ
ローバル・ベースラインの議論とも関連するため，詳しい検討は次節で行う。
グループAの課題は，英文開示するべき対象書類の選定よりも，どの情報をど
ういう形で英文開示すると，最も効率よく効果的に情報を利用したい投資家や
ステークホルダーに届けられるかとなってくる。能動態の英文開示を実践して
いる企業も多いため，何を英文開示しているか，だけではなく，なぜ，どのよ
うに，どのタイミングで，英文開示しているのか，を分析することで，多くの
知見が得られる。

②　グループBの英文開示

【英文開示比率】

B	決算短信	適時開示	招集通知	コーポレート・ガバナンス報告書	有価証券報告書	決算説明会資料	IRWebサイト	その他資料(アニュアルレポート・統合報告書など)
英文開示比率	90.9%	62.4%	89.8%	49.7%	19.8%	84.3%	95.4%	73.6%

■グループBの課題

　グループBは，グループAと遜色のない英文開示を目指すグループといえる。
そのため，グループAと比較して，やや英文開示比率の低い適時開示への対応
が目先の課題として挙げられる。適時開示は，インサイダー情報も含まれる場
合もあるため，自社内で情報管理を徹底しながら日本語・英語資料を準備する
能力を整えることが重要となる。内容面でも，投資判断に直結することが予想
されるため，事実情報の誤りが許されないという意味でも，難易度が高い英文
開示であるといえる。そのため，グループBの課題は，自社内で完結できる体
制の整備，といったことが中核になると思われる。

③　グループＣの英文開示

【英文開示比率】

C	決算短信	適時開示	招集通知	コーポレート・ガバナンス報告書	有価証券報告書	決算説明会資料	IRWebサイト	その他資料(アニュアルレポート・統合報告書など)
英文開示比率	78.7%	41.1%	79.8%	20.7%	13.5%	67.8%	83.0%	55.4%

■グループＣの課題

　グループＣは，時価総額平均が1,000億円超となっており，外国人持ち株比率も18.8％となっている。その点から考えても，グループＡ，グループＢと同等か，それに近い英文開示を期待されている，と考えられる。グループＡ，Ｂではほぼ全社が対応している決算短信，招集通知の対応に加えて，英文IRサイトや決算説明会資料などの英文開示をしていない場合には，対応を進めていく必要がある。また，上場からの平均年数が34.7年となっており，ここまでの成長を支えてきた事業のライフサイクルが一巡して，再構築や新事業創出が重要な段階にある企業も多いと想定される。そうしたことを考慮すると，中長期のビジョンや事業の持続可能性を説明する資料（アニュアルレポート，統合報告書，中期経営計画など）の英文開示にも，主体的に取り組むことが期待される。

④　グループＤの英文開示

【英文開示比率】

D	決算短信	適時開示	招集通知	コーポレート・ガバナンス報告書	有価証券報告書	決算説明会資料	IRWebサイト	その他資料(アニュアルレポート・統合報告書など)
英文開示比率	66.4%	22.0%	64.1%	10.6%	7.8%	44.2%	66.1%	35.6%

■グループDの課題

　グループDは，プライム市場上場企業が506社，スタンダード市場上場企業
が103社，グロース市場上場企業45社となっている。プライム市場上場企業の
27.7％がこのグループに入っており，スタンダード，グロース市場上場企業で
あっても，このグループのプライム市場上場企業と同程度の英文開示を検討す
るのがいいだろう。CGコードに記述がある，株主総会招集通知の英文開示の
対応は，プライム市場上場企業であれば対応が必須となる。また，IR用の英
文Webサイトの準備と，決算短信，決算説明会資料は，外国人投資家からの
要望が多いだけに，英文開示に取り組んでいくことが望まれる。英文開示を実
践していくための組織体制整備や，社内人材の育成も重要になってくる。

　外国人持ち株比率が低いから，といった理由で英文開示を先送りせず，規模
にふさわしい英文開示を自発的に整えていくことが期待されるグループといえ
る。

⑤　グループEの英文開示

【英文開示比率】

E	決算短信	適時開示	招集通知	コーポレート・ガバナンス報告書	有価証券報告書	決算説明会資料	IRWebサイト	その他資料（アニュアルレポート・統合報告書など）
英文開示比率	23.8%	5.8%	17.2%	1.9%	1.4%	13.5%	26.1%	9.0%

■グループEの課題

　このグループには，2,130社（プライム427社，スタンダード1,293社，グロー
ス410社）が入る。外国人持ち株比率の平均が5.3％となっていることや，スタ
ンダード，グロース市場上場企業が多いため，英文開示の必要性を感じていな
い企業も多いと推察される。とはいえ，上場からの平均年数が24.8年となって
おり，グロース市場上場企業を中心に今後の成長が期待される企業も多い。自

社が望む将来的な株主構成などを念頭に，時間をかけて計画的に外国人投資家
への情報発信を検討することも重要である。

　個別の書類を翻訳して英文開示の形を整えるよりも，英文開示をめぐる外部
環境の変化に対する感度を高くして，どのような対応が必要になるのかを主体
的に検討することのほうが重要である。

(5)　グループ別の英文開示〜書類別推奨度〜

　本節のまとめとして，グループ別の英文開示書類の検討一覧表を作成してみ
た（**図表2－10**）。各グループで，英文開示が必要と考えられる書類を，1〜
5で定義している。

【図表2－10】英文開示書類の検討一覧表

グループ	決算短信	適時開示	招集通知	コーポレート・ガバナンス報告書	有価証券報告書	決算説明会資料	IRWebサイト	その他資料（アニュアルレポート・統合報告書など）
A	5	5	5	4	4	5	5	4
B	5	5	5	4	4	5	5	4
C	3	3	3	4	1	3	3	1
D	2	1	2	1	1	2	2	1
E	2	1	2	1	1	2	2	1

5　全訳／日本語・英語同日開示
4　全訳／日本語開示後に英語開示
3　部分訳／日本語・英語同日開示
2　部分訳／日本語開示後に英語開示
1　英文開示を要検討

　本章では，英文開示のタイミングについて言及していないが，投資判断や議
決権行使などタイミングや期間がきわめて重要な意思決定に使用される情報開
示であることを考えると，いずれの書類も日本語と英語を同時，もしくは同日
に開示することが期待される。とはいえ，英文開示では，翻訳とチェック，修

正作業などのリードタイムが発生することを考慮すると，すべての書類を同時，もしくは同日に英文開示できるようになるには，機械翻訳などの技術進歩だけに期待していても難しいだろう。XBRLでの開示など，いわゆるデジタルレポーティングの範囲が拡張され，人間が読むことを前提とした情報開示だけでなく，機械的な情報処理が進展することにより，言語の壁をデジタルデータで越えるようになるのも，そう遠い話ではないかもしれない。とはいえ，当面のところは，社内に英文開示を担う中核人材を確保し，翻訳会社などの外部委託先を適切に管理したり，機械翻訳やそれに関連する技術などを積極的に取り入れたりして，英文開示の早期化に取り組む以外に方法はない。

⑹　主な英文開示書類の書式や体裁

　本節の最後に，図表2−10で言及している主な英文開示書類の書式や体裁について，開示様式例や検索方法を記載する。

①　開示様式例

　ここまで概観してきたように，2013年以降の英文開示拡大により，英文開示書類の事例が豊富になってきた。ベンチマークしたいグループに入っている同業他社のWebサイトなどを確認することで，内容や書式を確認することができる。

　さらに，一般的な開示様式を知りたい場合には，日本取引所グループの「JPX English Disclosure GATE」[13]に，「英文開示様式例」[14]として掲載されているテンプレートが参考になる。

　また，翻訳会社も各社の実績をもとに，英文開示書類の様式を定型化して提供している。主な英文開示書類については，独自の特徴的な書式を利用したり，細部にこだわったりすることは避けて，他社との比較で利用される書類である，

13　JPX English Disclosure GATE
　　https://www.jpx.co.jp/equities/listed-co/disclosure-gate/
14　「英文開示様式例」
　　https://www.jpx.co.jp/equities/listed-co/disclosure-gate/form/index.html

という前提認識の下，他社も含めて幅広く活用されている書式を利用し，読者が比較検討する際の利便性を重視[15]するのがいいだろう。

②　英文開示事例の検索方法

こちらも基本的には，ベンチマークしたいグループに所属している企業のWebサイトを確認することから始めるのがいいだろう。

さらに詳細な分析をしたい場合には，例えば本章のデータ収集に活用した総合企業情報データベースeol[16]がある。基本的な企業情報だけでなく開示書類の検索や閲覧，フリーワード検索による横断的な企業サーチも可能になっている。外国人持ち株比率や時価総額，PBR，ROEといった主要指標を使った分析などに活用できるため，能動態の英文開示を設計する際に有効なツールとなる。

また，開示様式例でも言及した「JPX English Disclosure GATE」では，上場企業全体に英文開示状況のアンケート調査を実施した結果を公表[17]している。本章でもそのデータを活用した分析を実施しており，より深い分析をする場合には，ぜひ活用してほしい。

15　利便性という視点では，データ分析に適さないPDFだけの開示は，見直していく必要があると筆者は考えている。

16　株式会社アイ・エヌ情報センターが提供しているデータベースサービス
https://www.indb.co.jp/service/corporate_data/

17　「英文開示実施状況一覧」
https://www.jpx.co.jp/equities/listed-co/disclosure-gate/availability/index.html

3　英文開示必須の情報を決める国際的な動き〜ISSBとグローバル・ベースライン〜

　前節では，時価総額×外国人持ち株比率を縦軸・横軸とした散布図を用いて，上場企業を大きく5つのグループに分割し，各グループの英文開示を検討した。本節では，サステナビリティ関連財務情報開示の国際的な基準づくりにおいて中心的な役割を担っているISSB（International Sustainability Standards Board）と，グローバル・ベースラインを概観する。

(1)　サステナビリティ関連財務情報開示とグローバル・ベースラインの本章での定義

　サステナビリティやESG，非財務情報といった言葉が，ほぼ同じような意味合いで使用されているが，本章においては，情報開示の範囲や目的が判然としないため，「非財務情報」という呼称は使用しない。

　ISSBの考え方を踏襲し，

財務情報：
財務諸表や注記で開示される，ある時点や一定期間の財務状態を示す情報

サステナビリティ関連財務情報（投資家向け）：
将来的に財務情報に影響を及ぼす可能性がある，ESGに関連した情報
※本章では，ESG情報と同義で使用

サステナビリティ情報：
マルチステークホルダー向けで，期間が長く，範囲の広いESGに関連した情報

と定義して，記述していく。この分類を図式化したものが，**図表2−11**となる[18]。

【図表2－11】財務情報・サステナビリティ関連財務情報・サステナビリティ情報

※ISSB資料 Building blocks approachを筆者が再構成

サステナビリティ情報開示

より幅広いマルチステークホルダーに向けて
社会・経済・環境などに重大な影響のある情報の開示

サステナビリティ関連財務
情報開示※
基準開発：ISSB

財務情報開示
基準：IFRSや各国の
GAAP

投資家・債権者（財務報告の利用者）に向けた
財務情報＋サステナビリティ関連財務情報の開示
⇒グローバル・ベースラインとして，ISSBが基準開
発を主導

※ISSBのモデルでは，"非財務情報開示"を
Sustainability-related financial disclosures
(investor focus)（サステナビリティ関連財務情
報開示 投資家向け）と定義している

(出所)　Webinars on the ISSB's exposure drafts, P.7, "Building blocks approach"
https://www.ifrs.org/projects/work-plan/climate-related-disclosures/
webinars-on-the-issbs-exposure-drafts/

■情報の範囲

　サステナビリティ関連財務情報開示に関するレポーティングにおいて，世界各国で様々な組織が基準を作成し，投資家や企業に向けて発信してきた[19]。複数の開示基準が並立する状況は，各企業が開示する情報の妥当性の検証や比較検討を難しくしてきた。気候変動の影響など，世界規模で発生するリスクや機会については，ある程度統一された基準で現状を測定し，情報開示する必要性が高まったこともあり，IFRS財団によってISSBが設立された。ISSBでは，グローバルで活動する投資家に向けて，信頼性と透明性が確保された比較可能性に優れる質の高い情報を提供するために，先行している基準を包含しつつ，各国の規制当局とも連携しながら国際的な基準をつくろうという意図で，検討が

18　東証が発行している「英文開示実践ハンドブック」向けに筆者が作成した図を，本章のために改編した。

19　IIRCやSASB，GRI，CDSB，TCFDなど。

進んでいる[20]。グローバル・ベースラインとして開発が進んでいるその基準は，投資家向けに財務情報とサステナビリティ関連財務情報を，そのつながりも含めて情報開示する際の基礎となる考え方といえる。財務諸表や注記，経営者による分析などの定性情報を含む財務情報そのものに加えて，その財務情報に重大な影響を及ぼす可能性のあるサステナビリティ関連のリスクと機会をサステナビリティ関連財務情報と定義し，双方を関連づけた情報開示の基準になるものである。財務情報に顕在化していないものの，密接な関係がある環境（E）・社会（S）・ガバナンス（G）に関連する課題を企業が正確に把握できているか，また適切な対処ができる組織能力を備えているか，といったことも含めて情報開示を進めていくことになる。

(2)　ISSBとグローバル・ベースライン

　ISSBの成り立ちとグローバル・ベースラインの現状について，英文開示への影響も大きいことから，簡単に整理しておきたい。

　ISSB（International Sustainability Standards Board）は，2021年11月3日に，IFRS財団によって設立された組織である。気候変動枠組条約の締結国会議であるCOP26において，その設立が発表された。気候変動やサステナビリティ情報開示に取り組んできた関係機関（CDSB，CDP，TCFD，VRF）の先行基準を包含しながら，グローバル・ベースラインの開発に取り組むことになった。

　ISSBのWebサイトには，目的などについて以下のように記載されている。

・グローバル市場で分散投資をする国際的な投資家は，気候変動やその他の環境・社会・ガバナンス（ESG）関連の重要課題について，質が高く，透明性と信頼性が確保され，比較可能性に優れた企業によるレポートを求めている。

20　ISSB公開草案
https://www.ifrs.org/projects/work-plan/general-sustainability-related-disclosures/#published-documents

・そのニーズに対応するため，新しい基準づくりを目的として，ISSBが2021年11月3日にIFRS財団により設立された。
・ISSBは，各企業のサステナビリティ関連のリスクと機会に関する情報を，投資家やその他の市場参加者に提供し，情報に基づいた意思決定を支援するために，サステナビリティ関連情報の開示基準に関する，包括的なグローバル・ベースラインの提供を意図している。

　サステナビリティ関連財務情報の比較可能性を国際的に確保していくという大きな流れを考慮すると，日本の上場企業がサステナビリティ関連財務情報を英文開示することが大前提になっていくことは間違いないだろう。特に，有価証券報告書が財務情報とサステナビリティ関連財務情報をまとめた書類として位置づけられていくことから，有価証券報告書の英文開示は，サステナビリティ関連財務情報を開示する上での主要な論点となってくる。

■ 2つのISSB公開草案～サステナビリティ関連財務情報開示に関する全般的要求事項と気候関連開示～

　ISSBが開発を進めているサステナビリティ関連財務情報開示の基準は，2022年12月末時点で，サステナビリティ関連財務情報開示に関する全般的要求事項（S1）と気候関連開示（S2）と呼ばれる2つの公開草案にまとまっている。それぞれの草案の概要について，以下で紹介するが，日本語版も公表されていることから，原文をぜひ確認してほしい。

　なお，それぞれの公開草案の引用部分に付されている下線は，筆者が特に重要と考えている部分につけたものとなっている。

S1：サステナビリティ関連財務情報の開示に関する全般的要求事項からの引用
　"企業がレジリエンスを有し続ける能力は，さまざまな資源及び関係に依存する。そのような資源及び関係には，労働力（workforce），企業が

開発した専門知識，並びにコミュニティ及び天然資源との関係が含まれる。したがって，<u>投資者，融資者及びその他の債権者</u>は，企業が直面する<u>重大な（significant）サステナビリティ関連のリスク及び機会に関する情報を求め，企業に資源を提供することに関する意思決定に役立てている</u>。このような情報は，企業の<u>財務諸表に含まれる情報を補足し，補完する</u>ものである。"

　企業活動に必要な資源，とりわけ自然資本や人的資本，社会的信用と，それらを適切に活用できる統治システムを備えているかどうか，といったESGに関する情報開示が投資判断に直結する，という視点で，情報開示における要求事項がまとまっている。ESGという視点で適切な資源の活用による適正な利益を生み出す力が備わっているかどうかを示すためには，どのような情報開示が必要となるか，考えるヒントになる。

S2：気候関連開示からの引用

　"企業の環境との関係はますます重要（important）になってきている。<u>気候変動は，すべての企業，それらの活動，及びそれらの属する経済セクターに大きなリスクをもたらす</u>。同時に，気候変動の緩和と適応に焦点を当てる企業にとっては機会を生み出す。企業は，これらの<u>リスク及び機会に直接さらされることもあれば，グローバルなバリュー・チェーンが相互につながっているため，直接的なオペレーション以外にもサプライヤーや顧客などの第三者を通じてさらされることもある。</u>

　本公開草案は，<u>一般目的財務報告の利用者</u>が，気候関連事項や関連する<u>リスク及び機会が以下のことに対してどのように影響するかを評価するのを支援するため，一貫した指標や標準化された定性的開示を含む，より一貫性があり，完全性があり，比較可能性があり，かつ検証可能性がある</u>情報を求める声に応えるために作成されたものである。"

　温暖化やそれに関連した気候変動による，自然災害の激甚化[21]が続いている。直接的な被害が拡大するだけでなく，世界各地で自然災害が頻発することにより，社会経済状況や金融システムを通じて，その影響が思わぬ形でグローバルに波及するリスクも高まっている。

　また，炭素排出を抑制，もしくは回収する技術や，発電・送電・蓄電技術の進展，環境負荷を適切に算定し，経済活動に反映させるための制度設計や情報サービスの創出など，新たな産業が生まれ，これまでとは違った形での経済成長の機会もある。新しい時代に適応した分野に経営資源の移動を促す機能として，投資活動の社会的な重要性もこれまでになく高まっているといえる。投資家向けの気候関連開示の重要性は，そうした文脈でも理解できる。

　２つの公開草案では，財務情報だけで表現することのできないリスクと機会や，それを特定し制御していくガバナンスの仕組みに加えて，戦略や指標をサステナビリティ関連財務情報として開示することが求められている。いいかえれば，企業が重大な問題に直面した際に，どのように対処し，回復していくのかを示すことが期待されている。日本の上場企業に対して，この公開草案の情報開示がそのまま要求されるわけではない[22]が，大きな影響があることは間違いない。その意味で，基本的な考え方や動向を注視していく必要がある。

(3)　わが国におけるサステナビリティ関連財務情報開示の動き～有価証券報告書～

　ISSBによるサステナビリティ関連財務情報開示の基準開発とも連動する形で，わが国でもサステナビリティに関する情報開示のあり方が，変化し始めている。

　金融審議会ディスクロージャーワーキング・グループや，経済産業省の非財務情報の開示指針研究会[23]，サステナビリティ基準委員会（SSBJ）[24]，経団連金

21　欧州や米国における熱波と山火事，パキスタンの大規模洪水など。

22　わが国の情報開示にどのように適用していくかは，金融審議会ディスクロージャーワーキング・グループの直近の議論も進んでいる。例えば2022年11月２日議事録など。
　　https://www.fsa.go.jp/singi/singi_kinyu/disclose_wg/gijiroku/20221102.html

23　https://www.meti.go.jp/shingikai/economy/hizaimu_joho/index.html

融・資本市場委員会ESG情報開示国際戦略タスクフォース[25]などによる議論や検討が進んできており，わが国では，2022年11月7日に公表された「企業内容等の開示に関する内閣府令」等の改正案[26]において，企業活動におけるサステナビリティ情報を有価証券報告書に記載することが正式に決定した（2023年3月31日以後に終了する事業年度から適用が開始されている）。

(4) 財務情報とサステナビリティ関連財務情報開示をベースとした英文開示

以上のような状況を踏まえて，日本の上場企業が求められる英文開示と書類群を改めて整理してみた（**図表2−12**)[27]。

【図表2−12】財務情報・サステナビリティ関連財務情報・サステナビリティ情報と開示書類の分類

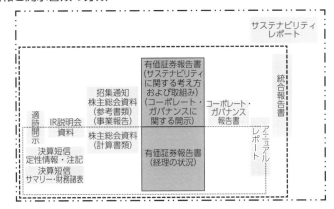

---

24 https://www.asb.or.jp/jp/fasf-asbj/list-ssbj_2.html

25 https://www.keidanren.or.jp/policy/2022/073.html

26 金融庁「企業内容等の開示に関する内閣府令」等の改正案の公表について
https://www.fsa.go.jp/news/r4/sonota/20221107/20221107.html

27 東証が発行している「英文開示実践ハンドブック」向けに筆者が作成した図を，本章のために改編した。

　ここまで概観してきたように，日本の上場企業における英文開示は，2015年に公表されたCGコードに反応する形で，招集通知や決算短信を中心に拡大してきた。2022年の東証市場再編により，プライム市場上場企業は特に英文開示が求められるようになっていることに加えて，前項でふれたように，グローバル・ベースラインといった考え方が広がりつつあることを踏まえると，今後は有価証券報告書を中核にすえた英文開示を検討していくことになるだろう。

　また，サステナビリティ関連財務情報開示に取り組むことは，自社が外部からどのような影響を受ける可能性があるかを特定し，正確な情報開示をする活動ともいえる。英文開示の必要性だけでなく，開示が求められている情報や，その受領者をより明確に把握できるようになるだろう。外部の意見に耳を傾けながら，自社の判断を明確に主張していく機会にもなると考えられる。

4　英文開示の実践

　ここまでみてきた内容を整理した上で，本節では日本の上場企業が英文開示にどのように取り組んでいくのがよいかを具体的に検討する。すべての情報を，即時に，わかりやすく正確な英文で情報開示することが求められていることを理解した上で，各社が現状をスタート地点として，どのように取り組んでいけばよいか，についての考え方やそれを助ける案を提示することは，多少なりとも意味があると考えている。

(1)　自社の時価総額×外国人持ち株比率にふさわしい英文開示のゴールを把握

　本章 2 (3)で提示したグループのうち，自社がどこに入るのかを確認してほしい。時価総額と外国人持ち株比率によりグループ分けすることの是非については，議論の余地があると認識する一方で，自社が英文開示の必要性や重要性を検討するための客観的な事実として活用することはできるだろう。証券市場からの評価という意味で，株価を把握した上で自社が証券市場でどこに位置しているのかを俯瞰してとらえることは，英文開示を設計する上でも重要であると考える。

　自社の位置が確認できたら，各グループの英文開示状況などを把握することと合わせて，時価総額や（外国人持ち株比率をどれくらいにしたいかも含め）株主構成の目標を設定してみてほしい。目標とするポジションにある企業が，どのような英文開示に取り組んでいるか分析することで，自社の優れている点，不足している情報などを具体的に特定することができるはずだ。また，日本国内の企業だけでなく，海外企業の中から目標に設定する企業をつくることで，さらに多面的な検討ができるようになる。

⑵　現状で開示している英文書類と今後取り組む必要がある英文開示書類を特定

　当面のゴールと，英文開示を進めていきたい情報がある程度把握できたら，その情報はどの書類に記載されているのかを確認することで，今後英文開示に取り組む必要がある書類を特定することができる。具体的には，前掲の**図表２－11**「財務情報・サステナビリティ関連財務情報・サステナビリティ情報」の範囲などを参考に検討してみてほしい。

　有価証券報告書を軸として，速報性を目的とした書類と，企業分析や経営陣，ガバナンス体制を評価するための書類，さらに企業の持続可能性を検証することができる書類などに役割を分類して，英文開示の重要度と優先順位を検討することができる。

⑶　グローバル・ベースラインを意識した情報の組み合わせで対応の優先順位を決定

　2022年以降の英文開示は，"CGコードで推奨されているから"，といった受動態の英文開示をする意味が薄れてくる。本章で紹介したように，"グローバル・ベースライン"といった形で，国際的に比較可能な情報開示を推進する流れが加速していく以上，投資対象として比較検討のステージに上がるために，その基準に沿った情報を英文でも開示することが，最初の準備作業となる。日本国内では英文開示が進んでいる決算短信や招集通知などが，どのように外国人投資家に活用されているのかどうかを，外部意見のみに依存せずに検証していくことも重要だろう。例えば自社IRサイトのアクセスログの解析で英文開示の利用実態を分析することや，外国人投資家に直接確認する機会がある場合には，具体的な情報源（書類）の活用方法をヒアリングするといったことも考えられる。外国人投資家が活用しているようには見えないが，他社もやっていて，外部からも対応を推奨されるから英文開示する，といった受動態の英文開示に資源を浪費することはない。

⑷ 具体的なスケジュール，予算，内部・外部のリソースプランニング

　やるべきことが決まったら，実現可能性を確保するための資源配分を進めることになる。社内に中核人材を確保し，育成することに加えて，翻訳会社への外注や，機械翻訳などの活用をどのように進めていくか，具体的な検討が重要となる。ここでも，英文開示した情報がどのように活用されているのか，できるだけ具体的に把握していきたい。あわせて，英文開示を通じて，どのような認知を獲得していきたいのか，目的に合わせた資源配分も必要になるだろう。時価総額が一定規模以上ないと，外国人投資家から認知されないということであれば，英文開示する書類を増やしたり，開示タイミングを早めたりすることに注力するよりも，外国人投資家とのコミュニケーション機会により多くの資源を配分するべきだろう。英文開示書類の拡充を通じて，利用できる情報を増やしていくべき時期なのか，それとも認知獲得を進めるために別の情報発信方法に資源配分をするのか，戦略的な資源配分を検討[28]していく必要がある。

28　戦略的な資源配分とは，目的や効果を明確にして，投入する資源を大胆に選択し集中する，ということを意味している。意図が曖昧なまま，他社に合わせた活動にまんべんなく資源を振り分ける，といった活動は避けたい。

5　能動態の英文開示を実現するための組織・人材・技術

　最後に英文開示を実現するための組織・人材・技術について言及したい。前節で記載したように，やるべきことを決定するということは，実現のための資源配分を進めるということでもある。実行計画と資源配分により，はじめて現実は動き始める。資源の確保が難しいようであれば，英文開示の計画を見直し，配分可能な範囲での英文開示を実行する必要がある。

　これまでの英文開示は，日本語の書類を英訳して開示することとほぼ同義であったため，翻訳作業そのものが主要な検討課題となってきた。昨今の機械翻訳の性能向上だけでなく，文法チェックツールの普及[29]も進んでいることから，今後の英文開示を進める上で検討するべきことは，

> ・情報開示全体の中で，英文開示の範囲や目的を明確化し，
> ・必要なツールや海外IR支援会社，翻訳会社などの外部委託先を選定・活用しながら，
> ・自社の目標達成にかなう資源配分の最適化を設計する社内人材の育成

ということになるだろう。

　能動態の英文開示を進めていくために必要な組織・人材・技術などについて，一表にまとめてみた（**図表2－13**）[30]。英文開示への対応段階を5～1までとして設定している。本章**2**(3)で提示したグループのA～Eに当てはめて考えると，

29　2023年に入り，Generative AI（生成系AI）の急激な普及がみられていることは，はじめから開示したい言語で文章を生成することを可能にする，という狭い意味でも，大きな変化を予感させる。

30　拙著「英文決算短信の状況・事例から考える　英文情報開示にはこう対応する」旬刊経理情報2022年7月10日号7～17頁，17頁の英文開示体制整備のポイントを本章用に一部再構成。

【図表 2 −13】 能動的な英文開示を進めるための組織・人材・技術

英文開示への対応段階	推奨グループ	経営・マネジメント	担当部門・担当者	ナレッジ・技術
5	A, B	情報開示に言語的な差が発生しない環境を整えている 国内・海外のステークホルダーに向けて，同じ質・量の情報開示を実施している	情報の受け手に，特に伝えたい情報を言語にかかわらず，簡潔に表現できている 言語の特性に合わせた表現を使い分けることができている	社内データの活用に加えて，海外事例や基準書などの参照ができるようになっている IT技術を活用した言語資産の活用体制が整備されている
4	B, C	英文開示した資料を活用したコミュニケーションに取り組んでいる 海外投資家とのエンゲージメント構築に取り組んでいる	財務数値等のデータ開示に加え，サステナビリティ関連財務情報などを含む抽象度の高い説明を含む英文開示に取り組んでいる 社内で一定程度の修正や編集，チェックが実施できる社外委託先の品質を評価することができる英語力を組織的に備えている	日本語原文データを加工して，英文書類のドラフトを作成する作業が一定程度自動化されている 翻訳作業を支援する専用ツールや，機械翻訳の活用をしている 作成した英文資料を社内で蓄積する仕組みが整っている
3	C, D, E	英文開示が必要だと考えている 英文開示が自社に与える影響を具体的に認知している	英文開示が必要となる書類について，年間スケジュールで検討している 英文開示の原文となる日本語書類の作成スケジュールを把握している 社内での英文開示担当者を設定し，社外委託先を選定している	自社内の英文資料を整理し，活用ルールを社内で合意している 原稿データの入手・提出経路を整備している チェック，修正，編集加工に必要な設備やソフトがそろっている
2	D, E	英文開示の必要性を感じている 英文開示が自社に与える影響を，明確に認知しているわけではない	英文開示をする場合の費用や日程の検討を始めている 社内・社外の委託先を事前に探索している	自社にある英文資料の確認を始めている 英文チェックができる社内人材を探している
1	—	英文開示の必要性を感じていない 英文開示が自社に与える影響を認知していない	必要になった時点で，社内・社外での委託先を探索し，委託する	過去の英文資料等が社内に点在している 資料の探索や確認から，属人的な対応になっている

グループA・Bが目指す段階は4～5，グループCは3～4，グループD・グループEは2～3を当面の目標に設定するといいだろう。

⑴　経営・マネジメント

　本章では，英文開示を検討する上で時価総額や外国人持ち株比率を使って，自社の現状を把握することを推奨してきた。株価水準や株主構成を意識しながらコミュニケーションを深めていくことは，経営・マネジメントの重要な役割となってきている。また，サステナビリティ関連財務情報について概観してきたように，外部環境をどのように把握しているかを説明する能力が求められてきている。経営・マネジメントが，英文開示を含む情報開示とコミュニケーションに，どれくらい能動的に取り組むかは，企業評価に直結するといえる。

⑵　担当部門・担当者

　受動態から能動態の英文開示に取り組んでいくためには，担当部門・担当者の主体的な活動は欠かせない。サステナビリティやESGといった情報開示の大きな流れを把握し，自社が取り組むべき情報開示を設計することの重要性を経営・マネジメントに説明し，必要な資源の獲得から始めなければいけない企業も多い。また，英文開示や外国人投資家とのコミュニケーションは，短期的な成果を測定しにくいために，資源を割くことが難しい活動の1つだろう。担当者に業務を紐づけず，組織的な対応を継続できる設計が必要となるため，さらに難易度が高い業務となっている。逆にいえば，最適な英文開示を組織的に実行できているかは，そのまま企業価値を推し量る材料になるということもできる。

⑶　ナレッジ・技術

　情報の爆発的な増加が起きる現代において，複数言語で情報を保持し，管理・運用していくには，一般に考えられているよりも幅広い問題解決が必要となる。情報を資産として認識し，翻訳会社や各種サービスプロバイダーなどに

過度に依存しすぎないように，内部で管理運用できる機能や人材を備えることが必要である。日本企業では，英語に対する苦手意識が根強い印象もあるが，必要以上に自己の能力を低く見積もっている可能性もある。

翻訳会社の能力を正確に把握し，適切な外部委託先を選別するだけでなく，機械翻訳や文法チェックツールなど，新しい技術を早期に活用していくためには，英語の活用能力を定義して測定し，向上させていく活動も重要になる[31]。

また，機械翻訳を活用する上で，日本語を簡潔に記述する能力[32]も改めて見直されてきている。

---

31 外国語でのコミュニケーション能力を測定する基準として，CEFR（Common European Framework of Reference for Languages: Learning, teaching, assessment）がある。英語が外国語である日本人にとって示唆が多いため，社内人材育成や外部委託先評価をする上で活用したい。
https://www.coe.int/en/web/common-european-framework-reference-languages/level-descriptions

32 隅田英一郎『AI翻訳革命』（朝日新聞出版，2022年）は，機械翻訳の理解と活用を考える上で参考になる。大野晋『日本語練習帳』（岩波書店，1999年）は，普段意識していない日本語の微妙な差異に気づかされる。また，機械翻訳の実践的な活用という意味で，井上多恵子『グローバル×AI翻訳時代の新・日本語練習帳』（中央経済社，2022年）を推奨する。

6 むすびにかえて

　本章では，投資家が気候変動も含むサステナビリティ関連情報をどのように
とらえて，投資判断をしていくかといったことにも視線を向けながら，日本の
上場企業の英文開示のあり方を検討した。気候変動は，自然災害の激甚化だけ
ではなく，企業活動やその元にある金融システムへの信用を揺るがす形で，人
間社会に甚大な影響を与える可能性がある。我々が生きる時代は，自然環境と
人間社会のつながりに，あらためて気づかされる時代ともいえる。限りある資
源が，効果的（リターンを多く生み出すという意味で）に使われていることを
示すだけではなく，効率的，つまり上手に活用できているかも重要になってい
る。

　制約条件が多くなれば，新たな創意工夫を生み出す余地も大きくなる，と考
えれば，基本姿勢として前向きに取り組むほうが実りが多いだろう。

　日本の上場企業にとって，情報開示の変化に対応することは容易ではないが，
それに向き合う姿勢は，人間社会の安定に寄与する姿勢を示す，よい機会にな
ると考えている。本章の副題である「受動態から能動態の英文開示へ」は，多
様な対話と結論が存在する世界に向けて，自らを主語とし，自らの考えを提示
することで，資源が円滑に循環する人間社会の構築に寄与しようという意図を
込めている。本書が，英文開示の本質的な価値を考える機会になれば幸いであ
る。

第 **3** 章

英文開示における
海外機関投資家等との
コミュニケーションの取り方

SESSAパートナーズ株式会社　代表取締役
杉渕　均

　本章では，企業の日本的な開示資料が海外投資家にどう受け止められているか，いくつかの事例を交えながら考察してみたい。筆者が代表を務めるSESSAパートナーズは金融ライセンスを持たない独立系コンサルティング会社として2016年以来数々の企業の海外ロードショーを展開し，海外カンファレンスも開催してきた。また，それ以前の筆者の経験として，証券会社での15年に及ぶ海外勤務と企業のIR支援の経験をとおして得た知見をもとに執筆させていただいている。

　英文開示の量を増やすためには費用をかけることで多くが解決するが，英文開示の重要な目的の１つは，株主のすそ野を広げることに加え，海外投資家に適切な情報を提供し，対話の機会を増やし，対話の質を高めることで経営判断の糧となるようなフィードバック，気づきを得ることである。海外投資家は日本企業だけでなく海外の同業他社も詳しく見ている。むしろ，海外企業をよく調べた後に日本企業を分析することが多く，そのような投資家との議論は，高額をとるコンサルタントに匹敵するかそれ以上の示唆を得られることもある。

　筆者がかねてより懇意にさせていただいているS社がある。お付き合いは2016年まで遡るが，人を介して「海外ロードショーを実施したいのだが可能だろうか」とご相談をいただいた。当時の時価総額はわずか50億円で，投資家の投資基準に合わないだろうと考え，まずはネガティブな回答をしたと記憶している。しかし，今後の事業計画を聞いて大変感銘を受けた。それは福祉に関する社会課題を解決する斬新な事業計画で，かつ経営陣の熱意と情熱が強く伝わるものであった。投資家に伝えるべきエクイティストーリーがすぐ頭に浮かんだ筆者は，海外ロードショーの計画と実行にコミットさせていただいた。投資家への最初のアプローチへの反応は，想定どおり時価総額規模と流動性によりやはり厳しいものであったが，エクイティストーリーを伝えて関心を示したシンガポールの投資家10社と面談のアポイントメントを取り付けることができた。こうして同社初となる海外ロードショーを実施できたのだが，その後同社の新規事業は軌道に乗り，当時収益貢献していなかったその事業は，現在同社のコア事業となってさらに高成長を続けている。その後株価の評価も高まり2022年

の高値での時価総額は1,000億円に達した。同社のCEOも「何よりも対話を通じて市場が我々に求めるものを明確に知ることができたことが一番の収穫だった。」と後日語っている。筆者も当時すべての投資家のフィードバックを取りまとめたが，驚くことにほぼ半数の投資家が株主になっていた。これは傑出した成功例かもしれないが，本章では，企業と投資家との対話が実りあるものになるような開示資料のあり方について考察してみたい。

　本章の執筆にあたり，改めて複数の海外投資家にヒアリングを行った。どの資料を英訳しているかという「英文開示の量」よりも，「内容の質」に対するフィードバックが多かった。単なる記載フォーマットの違いもあれば，情報の質の問題，さらには日本語文化に根差した慣行が壁となっているケースもあることがわかった。海外運用会社での現役ポートフォリオマネージャー，アナリストは立場上本名でのコメントを記載できないので，筆者のフィルターをとおして主なポイントを要約してお伝えしたい。

1 海外投資家のフラストレーション

(1) 「調和」か「明瞭さ」か

　筆者がよく耳にする海外投資家からの評価は、「日本企業の情報開示は決して悪くないが、プレゼンテーション（説明資料を含む）が悪く、活発な議論にならないことが多く残念」というものである。投資家は限られた面談時間で突っ込んだ質問をして投資の判断につなげたいと考えているが、多くの日本企業との面談ではそうなっていないようである。なぜだろうか？

　ファイザーでグローバルコミュニケーショントレーナーを務めたことのあるジェフオデア氏は、「日本企業の会議は『調和』（コンセンサスを作る）を醸成することを目的としているが、外国人は『明瞭さ』（事実の確認／差異の発見）を求めており、調和は二次的なものにすぎない」と述べている。実際、資料の内容を見比べても同様な印象を受ける。例えば、下記はある日本企業の中期経営計画資料の書き出しである。

　新中期経営計画は、Ｘ社が今後果たすべき主な役割について議論を重ねた結果、策定されたものです。

　日本人にとっては自然な文章である。まず読者に目線を合わせてもらうために、どのような経緯で策定されたか説明することで計画への理解を深めてもらう、そのための準備体操のようなものである。一方、投資を検討したい海外投資家にとっては何も残らない言葉である。むしろ冒頭の大事なスペースに意味の薄い言葉を並べられると好ましくない印象から入ることになりかねない。投資する会社の過去や経緯は知っておく必要はあるが、優先度が高いのは、何をどうやって達成しようとしているかである。本質的な問題から投資家の目を誤

魔化するために無駄な文章を記載しているのではないかと疑うことすらある。このような導入方法は業種，セクターを問わず多くの企業で見られる。

下記は米フォードが2021年に策定した事業計画のイントロダクションである。

> "Ford+"は，当社の成長と価値創造のための計画です。常に顧客のニーズを把握し，コネクテッドカーと関連サービスを開発し，自動車業界のEV革命をリードすることによって，EV・コネクテッドカー新時代の勝ち組になるため当社を変革することを目的としています。フォード＋は，今後10年から15年のロードマップとなり，私たちは目的を達成するためにスピードと野心を持って取り組んでまいります。

短い文章の中に，業界のEV化トレンドの中での目標と手段，そして時間軸が示された明瞭さが伝わる内容である。

ここでは事業計画書を例に挙げたが，明瞭さが大事であることは決算関連，ESG関連，中期経営計画書などの開示資料でもいえる。1）何をした／するのか，2）なぜそれをした／するのか，3）なぜそれが必要なのか，これら3点が含まれていることが重要である。

企業の開示資料は会社の公式文書である。すべてのステークホルダーの調和を図るためには，何かとソフトな言い回しになりがちである。そして，英文は日本語と同じ内容でなければならないため，日本人向けに作られた資料を英語に直訳すると英語スピーカーにとってはわかりにくい内容に仕上がってしまうのである。であるならば，オリジナルの日本語原稿を英語脳の投資家にもわかりやすくするために上述の3点を意識してドラフトされたら印象がだいぶ変わるはずである。

(2) 業界データの取得

海外投資家と日本の投資家との間にはコミュニケーション方法に違いはあるが，求められる情報はそれほど変わらない。他社との競合関係に影響を及ぼす

ような情報開示は不要であり，投資家は非開示情報を聞いてしまうとその企業への投資ができなくなるのでそれを求めることはない。

　海外投資家と国内投資家との違いをあえて挙げれば，海外投資家は日本国内の市場環境に疎いことが挙げられる。一口に海外投資家といっても様々であり，資産規模が大きい一部の大手運用会社は，日本に拠点を持ち米国留学経験のある日本人を配置している会社も少なくない。一方，グローバルファンドを1人，もしくは少人数のチームで運用しているファンドもあり，その場合は少ないリソースで世界中の株式市場，銘柄を網羅しているためおのずと情報吸収量に限りがある。前者は社内リソースで情報ギャップを埋めることができるので，本章では後者のような投資家を主な対象として話を進めたい。

　投資家が日本企業を理解する上で必要な予備知識はセクターによって異なる。ハイテクセクターや自動車セクターなどグローバルで競争している企業は主力市場が海外で，競合先が外国企業であるため，海外投資家の既存の知識を活用できる。一方，日本国内で完結している事業の場合は競合先も国内である。そして業界の集約化が進んでいない場合は市場分析が複雑になり，投資家は競合他社，需要動向なども調べねばならずグローバル企業と比べてリサーチのハードルは高い。そのような場合は，任意開示資料である決算説明資料などで，セクターに関するデータを提供すると海外投資家には有用である。

　投資家もプロである以上，自ら情報を収集する努力をしている。幸い，各省庁を含めた政府機関のデータも英語で開示されているが，その量は膨大で仕分け方法も特別なことから，多くの海外投資家はウェブサイトで数時間葛藤した後に断念したという声も聞く。企業が外国人にわかりやすく整理した業界データを提供することができたら，きっとその投資家はその企業のファンになることだろう。

⑶　定型文章が多すぎる

　定型化した挨拶文は日本文化の1つであり，特にビジネス文書は多くの人の目に触れるため，礼儀や作法といった定型にはめられることが多い。しかし，

決算短信や有価証券報告書で同様に型に落とし込むと，失望する外国人投資家も少なくない。日本在住歴が長かったり，日本株スペシャリストを自認したりするような投資家は相応の理解があるが，筆者もこれまでに外国人投資家から，決算短信や有価証券報告書の景況感に関する記述などはガイドラインや法律で書き方が決まっているのかと聞かれたことがある。

　次に挙げるものは，参考例として，実際の決算短信をもとに意味が変わらない程度に修正したものである。第1段落では事業環境について述べているが，一般的にニュートラルかやや悲観的なトーンで記述してあることが多い。

> 　当年度の世界経済は，厳しい状況が続きましたが，アジア地域では消費や生産が増加し，北米地域では一部で景気の回復が進みました。日本においても，生産や設備投資に改善の兆しが見られました。

　第2段落は，企業がどのように対応したかについての記述であるが，漠然としたものが多い。

> 　このような経済状況の下，当社は中長期的な成長を持続させるため，企画・開発力の強化と販売力の強化に取り組みました。また，●●等の新製品を開発しました。また，海外販売拠点の拡充に努めました。

　第3段落は，決算サマリーである。

> 　これらの活動の結果，当連結会計年度の売上高は○億円，営業利益は○億円，税引前当期利益は○億円，当期純利益は○億円となりました。

　第4段落では，意図的な曖昧さをもって見通しについて述べている。

> 　世界経済の今後については，新たに導入された各種政策や景気回復に伴

> う活動の活発化が期待されるものの，資源価格の動向の影響を注視する必要があります。とはいえ，市場環境としては，自動化，品質向上，研究開発投資への需要が高まることが予想されます。

　私がコンタクトした複数の投資家達は，データ分析だけでは得られないその企業独自の何かを見出すために，企業の開示資料を重視していると述べている。しかし，残念ではあるが，多くの日本企業は，フォーマット化されたものに従おうとしており，その努力の障害となっている。上記の文章は，実際の決算短信から引用したものであるが，どの業界のどのような会社についても当てはめることができる文脈で，あたかもフォーマットに適合させる何らかの義務があるかのような印象を与えても仕方がない。

　他社には真似のできない，自社独自のメッセージは投資家の関心を引き寄せる上できわめて大事である。最初の段落は，この資料が読むに値するものであると投資家に思わせる内容にする必要がある。まず明瞭さを，次に調和を目指すのであれば良い評価につながるが，調和を第一に考えるのであれば，調和も明瞭さも生まれない可能性が高い。

　第1段落に戻ろう。経済環境の確認は投資家にとって不要である。投資家は主要なマクロ環境は常に把握しておりここでの関心事ではない。財務報告書を読むのは，この会社が何をしたのか，なぜそれをしたのかを知りたいからである。IR担当者は，どのような形式で作成するかを考える前に，投資家に伝えたい独自のメッセージは何かを決め，そのメッセージを伝える独自の表現を見出すための努力が必要だ。他社と同じような報告書を作るのではなく，独自性のある報告書を目指すことが重要である。

　ある投資家は，日本企業の印象を「いつも計画ばかりで，何もしない」と憤慨していた。私から見れば何もしない経営陣などはなく，様々な努力を積んでいるのだが，その努力，施策が投資家に伝わっていないのである。もう一度，前述した3つの点をチェックしてみよう。「具体的に何をしたのか，なぜそれをしたのか」，この点は第2段落が該当するがあまりにも曖昧な表現である。

「企画・開発力の強化」とは具体的に何を意味しているのか？　100億円を投じて，より正確な需要予測を可能にする新しいITシステムを導入したのだろうか？　それとも，変化の激しい市場に新製品を迅速に投入するために，製品開発要員を100人増やしたのだろうか？　なぜそれを強化しなければならなかったのか？　そして，その結果は？

「営業力の強化」とは何をしたのだろう？　営業チームを強化合宿に行かせたのだろうか？　営業スタッフを増員したのか？　だとしたら何人増やしたのか？　新製品はどのようなものなのか？　他社製品とどう違うのか？　そしてその結果はどうだったのか？

「海外販売拠点の拡充に努めた」とは，実際に拠点を増やしたのか？　人員を増やしたのか？　なぜ拡大が必要だったのか？

前向きな投資家ほど疑問が湧き，答えがそこにないと失望につながる。詳しい情報は決算説明会資料等に記載していることが多いが，そこに誘導するためには投資家の想像を刺激する言葉が必要である。

⑷　自社のストーリーをつくる

開示資料はノンフィクションであり常に事実に忠実でなければならないが，ストーリーテリングの手法を取り入れることで投資家の興味を引き寄せ理解を早めることができる。ストーリーテリングは，単に時系列に事象を語ることではなく，伝えたいメッセージを絞り，時には経験や実例を取り入れてストーリーを組み立てることである。スタンフォード大学で心理学とマーケティングを研究テーマとするジェニファー・アーカー教授の研究によれば，論理的な事実を聞くことに比べて，ストーリーのほうが22倍も記憶に残りやすいと結論している。

https://womensleadership.stanford.edu/resources/voice-influence/harnessing
-power-stories

ここで，マイクロソフトのサティア・ナデラCEOが2021年に書いたステー

クホルダーへの手紙を紹介したい。この手紙は，例として前述した日本企業と同じ会計年度について書かれたものである。法定開示資料と任意開示資料では位置づけが異なるので単純な比較はできないが，どちらも投資家が読むものである。やや長文の抜粋となるが，コロナ禍による著しく困難な1年が独自の力強いストーリーにどのようにして変貌したかに注目していただきたい。

Dear shareholders, colleagues, customers, and partners：
（以下，SESSAパートナーズによる翻訳）

　新型コロナウイルスのパンデミックは，私たちの生活や地域社会に混乱と苦しみを
もたらしました。同時に，それは前例のないデジタル変革の触媒となり，社会や技術
に大きな変化をもたらし，お客様やマイクロソフトにとって重要な新しい機会を生み
出すことになりました。

　GDP全体に占めるテクノロジー業界の割合は，2030年までに現在の5％から10％
へと倍増します。しかし，注目すべきは，残りの90％に何が起こるかということです。
今後10年かけて起こると予測されていたデジタルトランスフォーメーションが，今一
気に進んでいるのです。

　マイクロソフトは，この時のためにつくられましたと言っても過言ではありませ
ん。私たちの目標は，研究者，パートナー，エンジニア，クリエイター，チェンジ
メーカー，公務員，現場作業員，知的労働者からなる新しいエコシステムを生み出し，
共に成長と機会の原動力となるようなすべての人々に利益をもたらすイノベーショ
ンをもたらすことです。

　今日，私たちのプラットフォームやツールのおかげで，数年前には想像もできな
かったような驚くべきことを人々や組織が実現するのを見るのは，とてもエキサイ
ティングなことです。以下はその例です。

・NASAの火星探査計画では，小型ロボットヘリコプターIngenuityが地球以外の惑
　星で初めて動力飛行に成功し，宇宙探査のマイルストーンとなりました。この偉業
　は，GitHubのオープンソースソフトウェアにコードを提供した12,000人の開発者な
　しでは実現できなかったでしょう。
・1,300フィートの船がスエズ運河を塞ぎ，世界の海運に支障をきたしたとき，パー
　トナーのBlue YonderはマイクロソフトのAIテクノロジーを使って，遅延の影響を
　受けた5億ドル以上の製品や部品の代替供給先を顧客が見つけられるよう支援し
　ました。
・世界中の人道的危機に対応する非営利団体Team Rubiconは，Dynamics 365を使用
　して，わずか30日間で全米に169の新型コロナウイルス対応サイトを立ち上げ，数
　千人のボランティアの配置を管理しました。
・ニューヨークのマウントサイナイ・ヘルスシステムとウガンダのKyabirwa
　Surgical Centreの外科医は，数千マイル離れているにもかかわらずMixed Reality

（複合現実技術）を使用して500件以上の手術を行っています。これはウガンダの医師が装着したデバイスの視界に表示されるニューヨークの医師からのアドバイスに従って手術を行うものです。

・世界最大のビールメーカーであるAnheuser-Busch InBev社は，Azure Digital Twinsを使用して，醸造所とサプライチェーンの包括的なデジタルモデルを作成しました。このモデルは，物理的環境と同期して，素材と醸造プロセスの複雑な関係を再現し，醸造責任者がリアルタイムの状況に基づいて調整を行うことを可能にします。

このように，私たちのソリューション分野全体において，世界中の組織が独自の技術力を構築するのを支援するプラットフォームとツールを提供すると同時に，そのような我々の機会も広がっています。

（出所：https://www.microsoft.com/investor/reports/ar21/index.html）

　マイクロソフトは世界でも有数のエクセレントカンパニーであるが，どの会社も独自のストーリーを展開することはできる。マイクロソフトのストーリーは，世界中の誰にとっても困難で苦痛だった出来事を，マイクロソフトが恩恵を受けることのできるチャンスに変えることから始まっている。

　冒頭は事業環境のコメントから始まっているが，マイクロソフトに影響を与える市場で起きている特定の出来事として，マイクロソフトが置かれている立場についてのコメントがある。このメッセージは，マイクロソフト独自のものであり，おそらく，他社のCEOでも，単語を入れ替えて真似ることはできないだろう。

　そして，次には「今後30年までに何が起こるか」という大胆な未来予測を投げかける。この予測には，明確な数字も加えられているが，大事なことは，全般的に彼独自の視点が加えられていることである。それは今まさに起こっているデジタルトランスフォーメーションにおいて，マイクロソフトはそれを機会とできる特別なポジションにいるのだと。そして，マイクロソフトがこの時代に技術をどう応用しているか，5つの事例を挙げて説明している。顧客がマイ

クロソフトと協働することで生活の質を上げ，革新的なプロジェクトがどう成功しているのか詳しく説明している。

(5)　開示情報の一貫性

　外国人投資家から多く寄せられる苦情の１つに，開示データの一貫性がある。日本企業は，組織構造，会計方針，会計年度，データの構造，さらにはデータの内容を頻繁に変更し，投資家が新しいデータを古いデータと比較するためのサポートとなる情報提供に積極的でないというものである。多くの場合，このような変更は海外投資家に限らずプロの機関投資家に負担を与え，その企業への投資を諦めたり，場合によっては保有していれば売却したりすることさえある。

　多くの投資家は，開示情報をもとに収益モデルを構築し，将来の収益を予測することを怠らない。モデルは通常，セグメントの売上高と利益率のデータを使用して構築される。次に，売上高を価格と数量の仮定に分解し，これらの要因が過去の業界や経済の状況とどのように関連しているか分析し，売上高と費用を推定することがある。

　会計期間を変更したり，各セグメント内の製品・サービスの分類を変更したりすると，アナリストがこれまで行ってきた作業のかなりの部分が台無しになる。運用会社にとっては作業量が増えてアナリストのパフォーマンスが低下することは避けたいことである。経験ある外資系証券アナリストによれば，企業が戦略的に必須と思われない変更を行うと，多くの場合，その後の企業の株価がアンダーパフォームするのが常だという。

　変更の合理性が認められない場合だと，経営陣の能力に疑問を抱くか，欺瞞的か，あるいはその両方とみなされることもある。そこまでいかなくとも，アナリストは苛立ち，その企業に対して非合理的とのレッテルを貼り各方面で吹聴することになる。戦略的に必須でない，あるいは法的に強制されていない変更は避けるに越したことはない。

　その変更が必要である，または避けられないものであれば，IR担当者はそ

の変更によって過去の期間がどのような影響を受けたかを説明するために最善を尽くす必要がある。アナリストが，前年度だけでなく，5年ほど前までの年次・四半期データを使ってモデルを調整できるよう，詳細なガイダンスを提供することである。例えば，日本基準からIFRSへ変更する際に，詳細かつ代替的な財務諸表を提供している日本企業もある。監査を受けない，補足的なプレゼンテーション資料でこれを行うことも可能である。忘れてはならない点は，投資家は，収益モデルの構築と維持があまりに複雑であれば，その企業をフォローするのをやめる選択肢が常にあるということである。

⑹　情報の整理

　投資家達は，多くの場合，自分たちのキャパシティに対してより多くの企業をフォローすることを求められている。そのためある企業の資料を手に取っても注意深く読まないかもしれない。また，直感的に理解できなければ，隠れているデータを探し出さないかもしれない。データをわかりやすく，他社と比較しやすくすることは大事である。日本企業はデータを網羅的に提示することが良いディスクロージャーだと考えている企業も少なくないが，プレゼン資料のデータの量を減らし，より効果的に整理することで，コミュニケーションを改善することができるだろう。

　有価証券報告書や統合報告書，コーポレート・ガバナンス報告書などの厚めの報告書では，様々な読者が存在すること，また，報告書全体を隅から隅まで読みたいと考える人は少ないことを念頭に置いておくとよい。読者が探しているセクションをすぐに見つけられるように，資料を分割し，構成する必要がある。これは，目次を細分化して2頁にすることではない。できるだけ多くの情報を効率よく消化しようとする投資家にとっては，複雑でわかりにくいものになってしまうからだ。目安としては，5つ〜7つ程度のシンプルなカテゴリーが良いようだ。これ以上の項目がある場合は，別の資料に分けるか，報告書の各項目について追加の項目を掲載することが望ましい。

⑺　単四半期決算の数字

　日本の四半期決算短信に似た米国の開示フォーマットはForm 10-Qと呼ばれ第1四半期から第3四半期までが対象となる。監査の必要がなく，日本の決算短信と性格はほぼ同じである。第4四半期を含んだ通期決算報告書はForm 10-Kと呼ばれ，内容も10-Qよりも厚く監査法人のサインが必要なため有価証券報告書に近い。米国の10-Q，10-Kを決算開示の標準的フォーマットとして考えている海外投資家にとって日本の短信は不親切と感じてしまうようだ。日本の多くの会社は累計四半期分しか記載せず，単四半期の決算数字はない。日本で一般的な四半期決算の考え方は，期初に発表した会社予想数値に対する進捗を確認することが最初の目的で，季節要因を除いて上下に振れた部分があればその理由を見極めようとする。一方，収益モデルをつくっているアナリストにとって単四半期決算の数字は自分の予想との違いを際立たせることができる。また，定性情報として期間中にどんな進捗，出来事があったのかハイライトされた情報も有用である。単独の数字を割り出すにはスプレッドシードに累計数字を打ち込み前四半期と引き算をすれば済む単純な話であるが，決算期ごとにモニターしている何十社ものメンテナンスをしようとするアナリストにとってはそれなりに重い作業となる。ちなみに外国人株主比率が過半数を超えるソニーの決算短信は，10-Q同様に単四半期と累計四半期の両方を掲載している。

　企業活動においてわずか3カ月の決算数字を評価することについては様々な議論があるが，収益モデルの精度を高めたいアナリストにとってはこだわりが強い点ではある。

　少々長文になるが，参考までにマイクロソフトのForm 10-Qを取り上げてみたい。その内容は**図表3−1**に示すとおりである。マイクロソフトの開示を日本企業と比較して称賛する意図ではなく，海外投資家が普段見ているものを認識し，彼らの視点と思考，質問の意図を理解することに役立つはずである。

【図表3-1】マイクロソフトの10-Q

(単位：百万ドル，1株当たり数値は除く)(監査対象外)	第2四半期(12月31日に終了した3カ月間)		第1～第2四半期累計(12月31日に終了した6カ月間)	
	2021	2020	2021	2020
売上高				
製品	$20,779	$19,460	$37,410	$35,263
サービス・その他	30,949	23,616	59,635	44,967
売上高合計	51,728	43,076	97,045	80,230
売上原価				
製品	6,331	6,058	10,123	9,655
サービス・その他	10,629	8,136	20,483	15,541
売上原価の合計	16,960	14,194	30,606	25,196
売上高総利益	34,768	28,882	66,439	55,034
研究開発費	5,758	4,899	11,357	9,825
営業・マーケティング費	5,379	4,947	9,926	9,178
一般管理費	1,384	1,139	2,671	2,258
営業利益	22,247	17,897	42,485	33,773
その他利益	268	440	554	688
税引前利益	22,515	18,337	43,039	34,461
法人税等調整額	3,750	2,874	3,769	5,105
当期純利益	$18,765	$15,463	$39,270	$29,356
1株当たり利益				
希薄化前	$2.50	$2.05	$5.23	$3.88
希薄化後	$2.48	$2.03	$5.19	$3.85
加重平均発行済株式数				
希薄化前	7,505	7,555	7,509	7,561
希薄化後	7,555	7,616	7,561	7,627

　次に示すのは，2022年6月期第2四半期の損益計算書の一部である。先述したように単四半期と当期累計の両方が並記してある。経営成績に関する説明は，日本では累計期間を対象とした説明のため前四半期と状況が変わっていなければ前の短信と似たような文章が並ぶことも多いが，マイクロソフトの場合は当四半期だけに絞って特記事項を書き出している点に注目していただきたい。

　　2022年度第2四半期の特記事項は，2021年度第2四半期と比較して以下のとおりです。

―マイクロソフトクラウド（旧商用クラウド）の売上高は，32％増の221億ドルでした。

―Office 365の売上が19％増加したことにより，Officeの商用製品およびクラウドサービスの売上は14％増加しました。

―Office Consumer製品およびクラウドサービスの売上は15％増加し，Microsoft 365 Consumerの契約者数は5,640万人に増加しました。

―LinkedInの売上が37％増加しました。

―Dynamics製品およびクラウドサービスの売上は，Dynamics 365の45％増に牽引され29％増となりました。

―サーバー製品およびクラウドサービスの売上は，Azureおよびその他のクラウドサービスの46％増に牽引され29％増となりました。

―Windowsの相手先商標製品ライセンス（以下「Windows OEM」）の売上は25％増加しました。

―ウィンドウズ商用製品およびクラウドサービスの売上は13％増加しました。

―Xboxのコンテンツおよびサービスの売上は10％増加しました。

―トラフィック獲得費用を除く検索連動型広告およびニュース広告の売上は32％増加しました。

―地上波の売上は8％増でした。

　そしてこれらの結果，3カ月の連結決算を次のようにハイライトしている。

2021年12月31日に終了した３カ月と2020年12月31日に終了した３カ月との比較

　売上高は，各セグメントにおける成長により，87億ドル（20％）の増加となりました。インテリジェントクラウドは，Azureやその他のクラウドサービスが牽引し，増収となりました。プロダクティビティ＆ビジネスプロセス部門は，Office 365 CommercialやLinkedInが牽引し，増収となりました。その他のパーソナルコンピューティングは，Windows，検索およびニュース広告が牽引し，増収となりました。

　売上原価は，マイクロソフトのクラウドの成長により，28億ドル（19％）増加しました。

　売上総利益は，各セグメントにおける成長により，59億ドル（20％）増加しました。

—売上総利益率は比較的横ばいでした。サーバーおよびネットワーク機器の耐用年数の見積変更の影響を除くと，売上総利益率は，「More Personal Computing」および「Productivity＆Business Process」の改善により，２ポイント上昇しました。

—マイクロソフトのクラウド売上総利益率は，若干低下して70％となりました。会計上の見積りの変更の影響を除くと，マイクロソフトのクラウド売上総利益率は，売上構成がAzureやその他のクラウドサービスにシフトしたこともありますが，当社のクラウドサービス全体が改善したことにより３ポイント上昇しました。

　営業費用は，クラウドエンジニアリング，ゲーム，LinkedIn，コマーシャルセールスへの投資により，15億ドル（14％）増加しました。

　営業費用の主な増減は以下のとおりです。

—研究開発費は，クラウドエンジニアリングとゲーミングへの投資により，８億5,900万ドル（18％）増加しました。

—販売管理費は，コマーシャルセールスおよびLinkedInへの投資により，432百万ドル（９％）増加しました。

——般管理費は，主に従業員数の増加に伴い，２億4,500万ドル（22％）増加しました。

　営業利益は，各セグメントにおける成長により，44億ドル（24％）増

加しました。

　これらの情報を目にしたアナリストは，簡単に自分の収益モデルをアップデートし業績予測を精緻にすることができる。法定開示資料はある程度仕様が決まっており，過去との整合性も必要なので，開示における改善の取組みは，まずは決算説明資料で測ることが望ましい。しかし，任意開示の決算説明資料といっても情報の一貫性は大事である。一度開示すると投資家はそのデータが継続的に入手可能と思い，それを前提にモデルを組み立て業績予想をつくるからである。ちなみのマイクロソフトのIRサイトではこれらの開示書類がPDFだけでなく，エクセル，ワード，HTML形式でダウンロードでき，投資家の好むデータでの転用が可能となっている。

2 情報開示のケーススタディ

(1) 定性情報

　前節では海外投資家が感じる日本企業の開示資料への違和感／注文を(1)〜(6)に絞って記述したが，正直に言えば，数えあげればきりがないという感じであった。SESSAパートナーズにもバイサイド・セルサイドでの経験豊富な外国人アナリストが数人在籍しているが，日本企業のIR資料は，抽象的な記載が多く理解の助けにならないという指摘は残念ながらほぼコンセンサスとなっている。特に定性的な説明となる文章について具体策などが明示されておらず，最初から読み飛ばしているという投資家もいた。せっかくの機会なので，海外投資家のフィードバックをもとにSESSAパートナーズのアナリスト達と議論を重ね，ケーススタディという形でいくつかの例を列挙する。少々厳しいコメントもあるが，海外投資家の率直な指摘としてご容赦いただけたら幸甚である。本来であれば英文開示がテーマなので英語での記載が望ましいが，幅広い読者に見ていただきたく，日本語でニュアンスを伝えさせていただく。また例として挙げたものは実在の開示資料からの抜粋であるが，個社名を挙げることは主意でないので判別できないよう，文脈を変えず社名を削除している。あわせてご了承いただきたい。

【A社のコーポレートサイト】

原文	顧客，取引先，株主，地域社会，加盟店，従業員など，すべてのステークホルダーから信頼される誠実な企業であるという企業理念の下，当社は持続可能な社会の実現を目指しています。
コメント	この文章をインターネットで検索してみると，極めて似たフレーズを使っている会社が，全く違う業種でいくつもみつかる。「誠実な企業」とはどういう意味なのか？「持続可能な社会を実現する」とはどういうことか？

改善案	当社の強みである「○○」をベースに，「○○」を提供することで，お客様の「○○」の効率化を実現し，新たな価値を生み出すことを目指しています。

【B社のコーポレートサイト】

原文	海外事業の拡大とともに，当社グループの企画・開発力の強化が必要であると認識しています。また，持続的な成長を続けるためには，こうした変化や要求を先取りした人材育成をさらに進めることが重要です。このような世界的な潮流は，当社の事業を拡大する上で大きな可能性を秘めていると考えており，その可能性を実現するために，これまで培ってきた力を発揮し，持続的成長を実現することに注力していきます。
コメント	「世界的な潮流」とは？　どのような「人材育成」をするのか？　どのような「変化」が起きているのか？　「持続的な成長」のために必要なこととは？　なぜ，それが重要なのか？　なぜ，事業拡大の可能性が大きいと考える理由は？　「長年培ってきた力」とは？　投資家が知りたい答えはここにはない。
改善案	新しいリモートの世界では，企業は自らのデジタル変革を加速させ，従業員の能力向上，業務の最適化，顧客の取り込み，そして場合によっては製品やサービスの根幹を変えてきました。当社の戦略では，当社のサービスを支えるxxxとxxxに継続的に投資する必要があります。当社のxxxx事業は，競合他社よりも大幅に低い単位当たりのコストでリソースを展開するxxxx，多様な顧客の需要パターンを調整・集約し，xxxxの利用率を向上させるxxxx，メンテナンス費用を削減するxxxxという３つのスケールメリットがあります。

【D社のコーポレートサイト】

原文	2022年４月に発表した「中期経営計画2024」においてデータ・テクノロジーで人々の生活を支え，社会的課題を解決することを提供し，持続可能な社会を実現します。

コメント	数値目標を見せず，どの企業にもありうる言葉を記述している。別資料にあるのだろうが，そちらに誘導するために具体的な表現がほしい。
改善案	新中期経営計画では，当社の強みである「○○」「○○」「○○」を活かし，環境変化や感染症の蔓延，地政学的な混乱の脅威に対するお客様の耐性を高めることで，○/○○までの１年間で投資利益率xx％，年間売上成長率xx％を達成する道筋を描きます。

⑵　定量情報

　定量情報は伝えるべき情報が明確なので定性情報と比べて表現に悩むことは少ない。しかし，日本人の思考，慣用的な表現と英語ネイティブのそれらが異なるため，文章１つで微妙に印象が異なることもあり留意が必要だ。そのような例を取り上げてみる。

【F社（情報通信）の決算資料】

原文	2021年度の売上高は，前期比4,851億円（9.3％）増の５兆6,906億円となりました。○○事業は××株式会社の子会社化に伴う増加などにより3,616億円，○×事業は料金の値下げによる平均単価の減少が影響したものの，でんきや物販等売上の増加などにより1,123億円，法人事業はデジタル化に伴うソリューション需要の増加などにより241億円，それぞれ増収となりました。
コメント	文章は，単に長すぎて何度か読み返さなければならない。また，受動態で書かれている点も注意が必要である。日本語ではそれほど違和感はないが，英語に直訳すると経営陣の意図ではなく外部環境の影響でそうなったという印象になってしまう。英語版では能動態に意訳することで経営陣の施策がその結果となったという印象を読者に与えることができるが，どうせなら日本語から能動態にしても悪くない。この文章は，後で詳しく説明するための簡単な要約として記載されているが，各セグメントの変化率を記載することでより投資家フレンドリーな文章になる。売上高の金額

	を並べられてもピンとこないが，伸び率を併記することで投資家は事業規模とモメンタムを把握することができる。
改善案	1．○○事業は，○×株式会社の連結化などに伴い，前年比30％増収の3,616億円となりました。 2．××事業は，モバイルサービス料金の値下げを実施したものの，でんきや物品販売増加などにより4.1％の増収を確保し，1,123億円となりました。 3．法人事業は，主にデジタル化に伴うソリューション需要を獲得し，3.5％増収の241億円となりました。

【G社（自動車メーカー）の決算説明会書き起こし】

原文	営業利益の増減要因について，ご説明いたします。1）為替変動の影響により，6,100億円の増益，2）原価改善の努力は，2,800億円の増益と，資材高騰の影響6,400億円の減益を合わせて，3,600億円の減益，3）営業面の努力は，販売台数の増加や金融事業の収益改善により，8,600億円の増益，4）諸経費の増減・低減努力は，2,200億円の減益となりました。5）この結果，為替変動・スワップ評価損益等の影響を除いた営業利益は，2,800億円の増益となりました。
コメント	増減要因の説明としては個別の要因から始めてしまうよくあるパターンであるが，順番に読み進めていくと最後にならないと営業利益の実態がわからない文脈となっている。結論を先に求める外国人投資家にとっては親切でない文脈で，5）の結論を最初に持ってくるだけで理解のスピードがかなりアップするはずである。アナリスト達は自分で結論を計算できるよう高度に訓練されているが，文章1つで彼らの負担を軽減できればそれに越したことはない。3）の「営業面の努力」も問題である。付属資料によれば，8,600億円のうち「その他」が5,750億円を占めており，営業努力が関係する台数・ミックスの改善は1,800億円だけである。大部分を占める「その他」については具体的な説明がなく，アナリストが今後の業績予想をつくる障害になる。ちなみに同資料には「努力」という言葉が11回登場しているが施策についての説明はない。

【H社の決算短信】

原文	当社グループの当期における連結業績は，○○及び××領域では COVID-19の感染拡大による影響を大きく受けた前連結会計年度（以下，「前期」）比大幅な増収となりました。また，ヘルスケア領域では，前期のCOVID-19の治療等に貢献する事業の増収要因がなくなったものの，それ以外の事業が堅調に推移したことにより，微増収となったことから，売上高は2兆4,613億円となり前期比3,553億円の増収，営業利益は2,026億円で前期比308億円の増益，経常利益は2,121億円で前期比340億円の増益となりました。また，親会社株主に帰属する当期純利益は，前期に発生した半導体工場火災関連の費用やVeloxis社の組織再編に伴う税金費用の低減があったことから，1,619億円と前期比821億円の大幅な増益となりました。
コメント	前期比のコメントをしているにもかかわらず伸び率の数字がなく，代わりに額と「大幅」や「微増」という言葉が使われている。大幅か微増かは数字を示して投資家に判断してもらうことが望ましい。また，英語版では伸び率を入れる場合はできるだけカッコを使わず％の数値を文章に入れることが標準的である。伸び率は投資家にとっては大事な情報で本文中で丁寧に扱われることで好感が持たれる。ちなみに，米国の主要企業の開示書類で伸び率をカッコで表記することはまれである。
改善案	当社グループの当期における連結業績は，○○及び××領域では COVID-19の感染拡大による影響を大きく受けた前連結会計年度（以下，「前期」）比それぞれ25.1％，20.9％の増収となりました。また，△△領域では，前期のCOVID-19の治療等に貢献する事業の増収要因がなくなったものの，それ以外の事業が堅調に推移したことにより，売上高は1.6％の増収の2兆4,613億円となりました。営業利益は前期比33.4％増の2,026億円，経常利益は前期比39.2％増の2,121億円となりました。また，親会社株主に帰属する当期純利益は，前期に発生した半導体工場火災関連の費用やVeloxis社の組織再編に伴う税金費用の低減があったことから，前期比75.9％増の1,619億円となりました。

３　投資家が保有銘柄と新規銘柄に求めるもの

　一口に英文開示と言っても投資家は目的に応じて使い分けている。すでに投資している企業については，その企業のことはよく理解しているので，速報性があり，開示フォーマットに沿った内容の短信や有価証券報告書は情報が整理されていて使いやすい。自分が確認したい情報がレポートのどこにあるか肌感覚でつかんでいるので必要な情報をすぐに把握でき作業効率が良いからである。特にバイサイドのアナリストは独自に業績モデルを作成している。決算のたびに自分のモデルが正しいかどうか，開示データをインプットしながら確認しているアナリストも少なくない。

　決算説明会資料もメッセージを把握する上で有用であり，継続的な補足データがあれば業績モデルの構築，メンテナンスに役立つ。しかし，データは会社によって構成が異なるため，自分が知りたい情報が載っているとは限らない。時系列に従ってその会社の説明会資料のデータが頭に入っていればよいが，決算発表時に多くの銘柄のアップデートをしなければならない投資家にとってやや手間がかかる。説明会資料は会社側が投資家にメッセージを伝えるツールなのである。

　一方，初めてその企業を調べる場合は投資家は何を見るのだろうか？　何がきっかけで当該企業を調べようと思ったかにもよるが，多くの場合は，アナリストレポートで目にしたり，他社の取材活動で見つけたり，メディアからヒントを得ることもある。中小型株であればスクリーニングでその企業を認知することも多い。組織的に新規銘柄の組み入れ条件（時価総額や流動性等）を決めている会社もあるが，投資家は個人として独自のアンテナを持っている。そのアンテナを磨くことが運用パフォーマンスにもつながるのでこだわりが強い投資家が多く，あまり語られることはない。

　リード元はともかく一度投資家がこの企業を調べ始めるときは何を手に取る

のだろうか？　投資家によって一概に言えず，投資家個人の感性によることも多いが，定量的に投資基準があればまずはそれを満たしているか，財務データ，および市場データを見ることになる。投資基準のフレキシビリティが高い投資家によっては，事業内容や経営陣のメッセージから入ることもある。最近は非財務情報も重視されているので統合報告書から入る投資家もいるだろう。

　しかし，幅広いオプションだけを残してしまうと本書の意義が薄れてしまうので，あえて選ぶとすれば，まずは決算説明会資料と中期経営計画資料（作成していればであるが）と申し上げたい。決算説明会資料は任意開示資料なので企業によって情報量と種類はまちまちである。しかし，投資家目線でいえば，経営陣のIRについての姿勢，投資家への情報発信の考え方にとどまらず，財務KPIの有無，その内容によって経営陣の資本市場リテラシーが透けてみえてくる資料である。

　投資家にフレンドリーな企業は，初めてコンタクトする投資家のために会社案内資料を用意しているところも少なくない。株主通信の深掘り版のようなもので事業モデル，主要顧客，財務データなど包括的な情報が載っており，初めてみる投資家にとっては理解をするのに効率が良い資料である。IRサイトには載せていないものの，開示済み情報だけで構成されており投資家との個別面談で活用されることが多い。

　筆者はこれまでに数百社の投資家ミーティングに同席してきたが，ほとんどのミーティングでこれらの資料が活用されてきた。投資家も最初のミーティングではあまり特殊な質問はせず，開示情報の消化に努めているようである。

4　効率的な英文資料作成のために

　ここでまとめると，海外投資家株主比率が高く，投資家のベンチマークとして採用されているようなインデックス構成企業であれば，おのずと面談する投資家はリピート投資家が多くなることがおわかりだと思う。投資家，株主が増えればリクエストの種類も増える。そのために幅広い開示情報を英文で用意する必要がある。理想的なことを言えば，日本語のIR資料と同じものを英語で用意し同日開示するのが望ましいといえるだろう。しかし，「言うは易く行うは難し」である。実務を預かるIR担当者にとっては作業負担が大きい。日本語の資料作成だけでも大変なのに，英語資料を同時に開示する段取りをするにはかなりの予算と人手が必要である。加えて，万が一翻訳に間違いがあればIR担当者の責任になりかねない。最近は機械・AI翻訳の精度もかなり上がったとはいえ，そのまま使うわけにはいかない。決算発表時期には多くの企業の発表が集中し，翻訳会社のキャパシティも足りなくなりリード時間も長くなる。期日厳守を求めればその分支払報酬が跳ね上がることになる。経営陣に理解があり，十分な社内人材を投入でき翻訳の予算を十分に付けることができれば多くの課題は解決するが，時価総額が兆円単位の企業を除きIR担当者の悩みは尽きない。

　大量の開示情報をどうやって効率よく翻訳して開示するかは英文開示の評価を上げる重要な点である。先述したように英語能力の高い社内人材と，十分な翻訳予算を付けることできればよいが，そうでなければどうすればよいのだろうか？　答えは日本語を作文する時から英訳しやすい文章にすることである。筆者が代表を務めるSESSAパートナーズでもスポンサードリサーチレポートを日本語，英語で発行しているが，日本人アナリストのレポートを英語翻訳する際には多くの苦労があることを熟知している。日本語は世界で最も難しい言語の1つといわれるが，論法も，前置き→説明→結論という流れが多く，結論が冒頭に来る外国人脳には馴染みにくい。加えて文章までもが，動詞が前半に来る英語に対してそれが最後に来る日本語は訳しにくい。最近のAI翻訳の質

の向上は目覚ましく，この程度であればかなり綺麗に翻訳してくれるが，一文章に前置詞，接続詞でつないだ複数の構文が入るような長い文章は苦手である。そのような文章は人間であっても翻訳に手間がかかる。難しい文章が翻訳者の多くの時間を消費し，その労力が対価に反映されるのである。一般的な翻訳の見積りは字数をベースに計算されるが，難易度の高い文章の想定を含めて単価が設定されているし，納品日も決められている。そのため高い完成度を求められればその分報酬も高く，納期も延びることになる。

　これらの翻訳作業の課題が，費用にとどまらず日英同時開示のハードルを上げている。そうであれば英語に翻訳しやすい日本語を最初から書くことができれば大幅なスピードアップにつながる。同じ内容を伝えるのに書き手によっては様々な表現になることは常である。小説であれば文体は大事であり意訳も許される。海外映画の翻訳では意訳なくしては日本人の心をつかむことはできない。一方IR開示において意訳は広く認められていない。筆者は真意を正しく伝えるには意訳も必要と考えているが，社内外の多くの関係者の目に触れる開示資料は理解の相違を避けるために，直訳が重視される傾向がある。レポート作成の主役であるアナリストやIR担当者は，黒子である翻訳者に配慮してオリジナル原稿を執筆する方は残念ながらほとんどいない。むしろ，そんな足かせをはめられたら真意を伝える文書が書きにくいと反発されることもある。

　しかし，開示資料はビジネス文書である，文体へのこだわりよりも伝わることが優先されるはずである。日本の株式市場の取引高のおよそ半分，株主比率の約3割を占める海外投資家に配慮があっても悪くはない。①「自由闊達な日本語⇔早くて安価な英訳」，②「直訳した英語⇔外人読者の理解」，これらはすべてトレードオフの関係である。翻訳に配慮しない日本語は単価も高く納期も時間がかかるが，少しの配慮で翻訳のパフォーマンスが上がり，その結果開示文書の対象も広げることができるかもしれない。日本語を直訳した英語は英語脳の海外投資家には伝わりにくく理解が深まらない可能性がある。意訳が許されなければ直訳してもおかしくない日本語を書くことで①と②のバランスをとることができ，結果として日英同時開示，英文内容の洗練化が図れるはずである。

5 コロナ禍で変わったコーポレートアクセス

　新型コロナウイルスのパンデミックは世界中で人々の行動様式を変えた。企業のIR活動もオンラインミーティングの浸透で大きく変わった。特に海外の投資家はリアル面談の制約から解放されコーポレートアクセスの自由度が大きく改善した。コロナ前は，外国人に人気のある企業ほどリアル面談を求め，海外からの電話会議の要望を受け付けない企業が少なくなかった。筆者は以前証券会社で海外投資家のミーティングアレンジに関わる業務をしていたが，「通訳を同行して来訪するならお会いしますが，通訳を通した電話会議では真意が伝わり難いので」という断りの言葉はたくさん聞いていた。

　投資家は他に選択肢がないので，企業との面談を目的として出張スケジュールを年に何度か組んでいた。そのような投資家を取り込むために証券会社はホテルフロアを借り切って大型カンファレンスを開催し，人気のある企業を呼び込みリアル面談の実施を支援していた。証券会社にとっては投資家のコーポレートアクセスに貢献することで評価を高め，トレードの受注シェアを高めるというインセンティブがある。

　2014年に機関投資家の投資先企業へのエンゲージメントを求めるスチュワードシップ・コードが登場し，2015年にコーポレートガバナンス・コードが導入された。コーポレートガバナンス・コードの求めるものに「適切な情報開示」と「株主との対話」が明記され，投資家とのコミュニケーションの重要性が改めて認識される契機となった。しかし，コーポレートガバナンス・コードは強制力のないガイドラインである。前述したように依然として英語での電話会議を謝絶する企業も少なくなかった。最初のコーポレートガバナンス・コード導入から5年が経過して新型コロナウイルスのパンデミックが始まった。IRに限らず，人との接触を避けることが社会の優先事項となり，それはIRにおいても同様となった。

　高まる「ガバナンス改善」,「非接触型のコミュニケーション」を両立させるオンラインミーティングは理想的な手段である。おそらく, 投資家に人気のある企業のIR担当者はコロナ前から面談枠が一杯だったのでそれほど実感していないかもしれないが, オンラインミーティングのお陰で海外投資家のコーポレートアクセスの自由度が格段に改善された。筆者がコンタクトしている海外投資家も口をそろえて日本企業との面談数が増えたとコメントしている。肌感覚であるが, アクティブファンドのファンドマネージャーでは面談数が倍増, ヘッジファンドに至っては3倍増になった方も少なくない。例えば比較的企業取材に積極的な投資家が年に2回それぞれ1週間日本に滞在して何社の会社を訪問できるだろうか?

　1日4件のアポイントメントを入れて5日で20社である。年間にすれば40社にすぎない。実際には証券会社のカンファレンス参加と組み合わせることでもう少し件数を増やせるが, おそらく自分のポートフォリオに入っている企業をすべて網羅することはできない。しかし, 四半期決算後の取材解禁期間はおよそ2カ月, 1日1社とオンラインミーティングをしただけで四半期ごとに40社, 年間にすると160社も取材できることになる。運用競争にしのぎを削るバイサイドのファンドマネージャーはこのアドバンテージを有効利用しない手はない。

(1)　二極化する人気度

　そうすると企業側にとっても海外投資家との面談機会が激増しているかというと状況はそう単純ではない。時価総額が大きく, 主要なインデックスに採用されている企業へのアクセスが集中しているのは間違いなく, これらの企業ではコロナ禍前から投資家からの取材依頼が多くさばき切れていなかった。IR対応のキャパシティを増やさない限り面談数は増やせないが, すでに十分投資家と対話していると自認している企業にとって費用をかけるインセンティブはあまりない。一方, 自社の割安な株価に注目してほしい中小型株企業に聞くと, 海外投資家からのアプローチは増えていないという。海外投資家もコーポレートアクセスの自由度が上がったといっても, 社内の運用ルールにある投資対象

の時価総額，流動性などの基準で中小型株へアプローチするハードルは依然として高い。弊社SESSAパートナーズも多くの企業のIR活動を支援しているが，中型優良株と言えるような企業がアクセスの恩恵を受けているようである。時価総額で1,000億円以下の企業が半数以上を占める東証プライム市場での中型という感覚は世界と比べて二回りぐらい小さいが，時価総額500億円でも財務パフォーマンスに優れ流動性が一定程度ある企業には投資家のアンテナ感度も高い。オンラインミーティングによって増えた海外企業投資家の面談枠は，従前からの優良企業の取材頻度を上げるのと，中型規模（時価総額500〜1,000億円程度）の成長企業に振り向けられているといえる。

　機関投資家にとって運用の効率性は大変重要で，運用の評価軸としてベンチマークが設定されている場合は，否が応でもベンチマーク採用企業の時価総額順に調査，フォローアップに重点が置かれることになる。例えば，低成長，低資本効率でも時価総額が1兆円ある企業と，ベンチマークに採用されていない高成長，高収益な時価総額300億円企業を比較しても，残念ながら投資家にとっての重要性は1兆円企業のほうが高い。仮に300億円企業の株価が倍になってもベンチマークには反映されず，自分がその銘柄を持っていなかったことは非難されないが，ベンチマークの1兆円企業をアンダーウェイトしている時にその株価が2割も上がれば胃が痛くなる。機関投資家はベンチマーク採用以外の企業へも規定のルール内で投資可能であるが，流動性等により相対的に少額しか投資できない。そうするとどんなに有望な中小型株でもポートフォリオのパフォーマンスへの貢献は限定的になってしまい，時間と労力をかけて調べるインセンティブが小さくなってしまうのが運用側の実情である。

　しかしながら運用会社も他社との熾烈な競争がありパフォーマンス追求のためには貪欲な面もある。アクティブ運用では競合他社やETFなどのパッシブファンドとの差別化ができず，中小型株に活路を見出すファンドもある。近年米国ではアクティブファンドの残高に対してパッシブファンドが肉薄しており，アクティブファンドのベンチマーク対比主義の有効性が疑問視されていることの証左である。世界には様々なファンドがあるので，中小型株企業といえども

自社に合った投資家に出会えるよう工夫しながら情報発信を続けていただきたいと思う。弊社も日本株に投資しているアクティブファンドを世界中くまなく探しているが，米国の地方都市にあるファンドから問い合わせをもらうこともあり，世界の投資家層は厚いと感じている。

　中小型株企業にとってポストコロナ時代の投資家へのアプローチはどのようなものが効果的なのであろうか？　コロナ禍前は，投資家を直接訪問するロードショーが効果的であった。弊社も多くの企業の経営者と世界中を回って投資家を訪ね歩いた。北米ではニューヨーク，ボストンを中心とした東海岸。欧州はロンドン，エジンバラを筆頭に，パリ，フランクフルト，ジュネーブと大陸を回った。最も件数が多いのがアクティブヘッジファンドが多いアジアのシンガポール，香港である。海外へ足を運ぶことで費用と時間はかかるが，投資家へ直接アプローチし膝詰めで対話できる効果は大きい。投資家からビジネスへの一定の評価があることが前提であるが，胸襟を開いた1時間のディスカッションがその後のフォローアップにつながり株主となったケースはいくつも見てきた。面談を申し入れる際に時価総額規模を理由に断られることは多いが，どのようなメッセージを伝えるかが重要で，熱意が伝わり投資家のアンテナに何か引っかかるものがあれば応諾してもらえる。「経営者が時間をかけて遠い日本から来て伝えたい何かがある」という事実だけでも強いメッセージである。

　しかし，今はポストコロナ時代である。すでに多くの国で入国・行動制限はなくなったが，IR分野ではコロナ前のような活発な人の往来には戻っていない。それは，前述したようにオンラインミーティングの利便性が認識され，投資家に限らずその使用が日常の一部となったからである。投資家にとっては知りたい情報はできるだけ早く知りたい。オンラインミーティングは，ある企業への取材を思い立ったらすぐ依頼して予定が合えば翌週にも実施できる。数カ月前から旅程を調整しなければならない出張取材とは，スピードと手軽さでは比較にならない。そのためアクティブファンドマネージャーの予定はオンラインミーティングで次々と埋められてしまう。ミーティング数が増えることは投資家にとって情報へのアクセス機会が増えて良いことだが，ミーティングの前

後では投資家にもそれぞれ大事な仕事がある。新規企業であれば事前の準備として会社の内容はできるだけ調べて質問事項を整理しておく。英語でのミーティングは逐次通訳が入るので，１時間確保していても実際のコミュニケーション時間はその半分である。ミーティングが終われば取材メモをまとめてファイリングする。アナリストであればファンドマネージャーや上席に報告しなければならないこともある。オンラインミーティングでアクセスが楽になったからといってもどんどん取材数を増やすことはできない。このように投資家も常に時間に追われ業務負荷に耐えている。欧米の投資家であれば，日本との時差のため深夜時間での対応も増えてさらに負担感は増す。

　前置きが長くなったが，ここで申し上げたいのは投資家のスケジュールがタイトになったため，新規企業からのアプローチがコロナ前よりも難しくなっているという事実である。リアルロードショーでは訪問打診自体が１つの強いメッセージであったが，オンラインミーティングではお互い低コスト，手軽に設定できるがゆえに，面談の目的，伝えたいメッセージが明確に伝わらないと検討してもらえない。投資家はスケジュールが過密になったために他人から提案されるミーティングへの関心が著しく低下しているといえる。在宅で勤務するリモートワークが定着したことはコロナ禍の副産物であるが，リモートワークはリベラルで合理性を好む米国IT業界でも判断が分かれてきており，大手ですらリモートワークを廃止する企業も出始めた。今後も時間の経過とともに勤務形態のあり方のコンセンサスが形成されていくと思うが，国を跨いだIRコミュニケーションでは，オンラインミーティングは主要なツールであり続け，リアル面談・イベントは人とのネットワークづくりや特別な目的のために企画されていくものと考えられる。新しい投資家を開拓したい中小型株企業にとっては，コロナ前よりもアプローチが難しい時代になったといえる。

　それでは，新規投資家へのアプローチとしてはどのようなプラクティスが望ましいのだろうか？　伝統的には証券会社がリサーチレポートを発行して発行体と投資家をつなぐ役割を担っている。しかし，東証の上場会社数は2008年に2,389社であったが2021年は3,822社と1,433社増加している。一方，日本証券業

協会に加入している資本金100億円以上の証券会社数は32〜33社とほぼ横ばいでキャパシティは増えていない。一橋大学大学院の調べでは2013年から2019年のマザーズ市場に上場した企業の時価総額中央値は84億円で，その半数は2021年時点で時価総額の成長はみられないという。証券会社の経営からみれば，時価総額100億円以下で成長性のない銘柄にアナリストを張り付かせることに経済合理性はなく，大半の企業は誰もレポートを書かない状態になっている。そのため企業は自ら積極的に情報を発信しなければならない。こうしたニーズを背景に様々なIR支援サービスがあるが，多くが個人投資家向けで，機関投資家，特に海外投資家向けには極めて少ないといえよう。IR面の課題は企業によってそれぞれ異なるので，アクセス可能なIR支援サービスをよく評価して自社の課題に即した施策をとることが賢明である（https://signal.diamond.jp/articles/-/834）。

6 MiFID Ⅱのその後

　MiFID Ⅱが2018年に施行されてから5年が経過した。海外投資家への情報発信を考える際にはMiFID Ⅱの現状を理解しておくことは有用である。同指針には個人投資家やアセットオーナー（ファンドに資金を委託している企業や年金など）を保護するためにいくつもの新しい金融行政の指針が含まれているが，IR活動に影響がある部分は，運用会社が証券会社から無料のリサーチレポートを受け取ることを禁止したアンバンドリング条項である。これまで証券会社は質の良いリサーチレポートを作成し，投資家から評価されることでフィーの拡大を狙うと同時に，市場でのプレゼンスを高めることで企業のファイナンス案件に有利に関与してきた。そのため，リサーチレポートの無料配信は証券会社にとってある種の宣伝的行為でブランドの強化策でもあり，取引のない機関投資家にも比較的安易に提供されていた。運用会社と証券会社の関係に切り込んだのはEC（欧州委員会）であるが，背景としては英国のFCA（金融行動監視機構）が強く主導したといわれている。運用会社と証券会社の不透明なサービスの提供と対価は，両社の間に何らかの癒着を誘発し，結果として運用会社に資金を委託しているアセットオーナーが不利益を被るのではないかという懸念である。世界の金融センターとしてプレゼンスを誇る英国はその地位を強化するためにより透明度の高い取引慣行を金融界に求めたわけである。

　2023年時点で導入から5年が経過して，MiFID Ⅱは欧州の指針だけでなく欧州に関与するグローバル機関投資家のスタンダードとなった。米国の運用会社でも欧州で事業展開している限りMiFID Ⅱを遵守しなければならないし，グローバル化した社内の組織機能を米国と欧州で切り分けることが困難だからである。一部米国の運用会社の中には，そのために欧州での投資顧問免許を返上した会社も複数あった。いくつかの日本の運用会社は欧州にも拠点があるものの，MiFID対応の顧客数は相対的に少ないこともあり欧州のオペレーションを切り分けることで対応しているようである。そのため，外資系の運用会社を

除き日本の金融界の現場でMiFID Ⅱはほとんど意識されていないといってよい。

　企業のIRとしてはここからが問題である。時価総額の大きい優良企業であれば，10社以上の証券会社がリサーチレポートを書いていることはザラである。海外にも拠点がある国内大手企業が複数社レポートを発行しているから重要な投資家に情報が行き渡っているという保証はない。仮にA証券のアナリストが優秀で良いレポートを書いてくれており，A社がロンドンの大手投資家と取引があったとしてもそのレポートがキーパーソンに届いているかどうかはわからない。A社との取引がトレーディングだけの関係かもしれないし，リサーチレポートを提供するには金銭の授受を伴った契約が必要であるからだ。運用会社もリサーチレポートを有償で取得する以上は，価値がある証券会社を選ぶことになる。契約の形態は様々であるが，リサーチウェブサイト全体のアクセスで年間一律いくらといった大雑把なものが多いようである。次に運用担当者の視点に立つと，別の問題が見えてくる。自分の働く会社が，リサーチレポートを買う証券会社の枠を5社と決めたとしよう。日本株を担当する立場としては日系の証券会社を1社でも選んでもらうよう会社に要望を出しても，残念ながらそれが通ることはあまりない。なぜなら5社の枠に入る証券会社は米株，欧州株，アジア株もカバーしているからであり，日本株のために貴重な枠を使う可能性は低い。例えばロンドンにある運用会社にとって世界時価総額の10％程度しかない日本株ファンドはマイナーな商品である。運用の主力は米株，欧州株であり，日本株以外のリサーチレポートを持たない（持っていても評価されていない）日系証券会社を入れることは合理的な選択ではないからだ。ここで強調したい点は，大手優良企業といえども証券会社に依存した情報発信／流通にはもはや期待できないということで，企業が自ら様々な施策を考えながら情報を発信することが肝要といえよう。

　ここではMiFID Ⅱの影響を説明する1つの例として，典型的なパターンを参考までに記述した。証券会社のフィー形態は適時変わっており，当局の姿勢，投資家の慣行の変化で微妙に変わっていくことに留意が必要である。

コラム　主要国におけるMiFID Ⅱ対応

　2019年に英国はEUから脱退したが，英国は自らが制定を主導したMiFID Ⅱは大事な枠組みとして堅持している。一方欧州の一部の国では，制定前から運用会社・証券会社間での自由度の低下をマイナス要因として指摘する声もあった。またEUは加盟各国に一定の行政上の裁量を与えており，フランスなどアンバンドリングを独自のルールに基づき完全に実施していない国もある。MiFID Ⅱは機関投資家のアンバンドリング以外にも個人投資家への金融商品販売ルールなど多くの項目があるため，英国が抜けたことで短期的に変わることはないと思われるが，各国当局は定期的に影響をヒアリングし，プラス・マイナスの両面を取りまとめて公表している。米国SEC（証券取引委員会）では，米国のルールと整合性が取れないため欧州での施行前の2017年にno-action-letterを公表した。これは，市場参加者がMiFID Ⅱに対応しても米国ルールが求める法的要件やペナルティを2020年まで課さないというものである。これを受けて米国大手運用会社は，MiFID Ⅱに対応した運営を積極的に導入した。その後3カ年のSECによる観察期間を経て，さらに3年先の2023年7月まで同letterを延長した。今後の方針は不透明であるが，SECは次の延長はないと非公式にコメントしており，米国国内法との調整を図る新たなルールの導入が観測されている。日本では金融庁，および最大のアセットオーナーであるGPIF（年金積立金管理運用独立行政法人）の対応が注目されるが，今のところ発信はない。

参考文献：
https://www.acaglobal.com/insights/sec-extends-no-action-letter-relief-mifid-ii-research-payments-until-july-2023
https://www.mayerbrown.com/en/perspectives-events/publications/2022/08/sec-director-staff-mifid-ii-research-compensation-relief-to-expire-july-2023

7　ミーティングにおける留意点

　本書は英文開示というドキュメンテーションが主要なアジェンダであるが，海外投資家とのコミュニケーションを深めるという広義の視点で，筆者がミーティングの現場で感じたコミュニケーションの課題を拾ってみたい。

(1)　議論を深める

　日本の慣行が欧米の慣行と異なる場合，日本に不慣れな外国人投資家は，その違いを十分に理解できない可能性がある。よく見られる問題は，労働慣行，事業ポートフォリオや資産配分の決定，株主還元などに関するものである。例えば，ある企業で業績目標を長期間下回っている部門がある場合，日本の投資家は売上向上のための施策を聞く傾向がある。一方，海外の投資家は人員削減や事業売却の可能性について聞くことを好む。第三者である投資家と，人員削減などセンシティブな内容の議論をすることを好まないのは当然かもしれないが，海外投資家は経営陣とぜひとも戦略的議論をしたいと考えている。特にサステナビリティ経営の課題として，従業員の定着とモチベーションへの関心が集まっている昨今，事業ポートフォリオ戦略と人事戦略は，日本企業にとって前向きな議論をする良い機会となるはずである。

　現在の従業員数が長期的な経営目標に対して適正であると考えるのであれば，その長期戦略や，その戦略に沿った人材の確保・維持・育成のために何をしているかをオープンに議論することができる。

　一方，従業員数が最適でない場合，いくつかの選択肢がある。1つは沈黙である。何も言わなければ，海外の投資家は，決断力がないか意思決定が遅いとして投資に値しないと判断するだろう。沈黙は明らかに良い選択とは言えない。

　もう少し良い方法としては，法的，社会的，あるいは風評的な問題によって，迅速な行動がとれないことを説明することである。この場合，投資家は事業環境の悪さから株価評価を下げるかもしれないが，経営陣を非難することはなく，

おそらく他の類似企業と同程度の株価で評価するだろう。

　考えられる最良の選択は，長期的な戦略としてのスタンスを前提に，現在の決定が長期的には株主へのより高いリターンにつながると考える理由を説明することである。このアプローチの最も重要な点は，現在の人事方針を長期的かつ持続可能な投資収益に関連づけることである。

(2)　委細な数字にこだわるより会話のテンポを大事にする

　投資家は初めて面談する企業については多くの質問がある。会話の流れで確認程度に軽く質問することも多い。例えば，「御社のROICは何％ですか？」との質問に対して，「えー，たしか5.5％……少々お待ちください」と間をとり，分厚い資料集をめくるか電卓を叩いた後に「5.6％です」と答える。その間１分。正確な回答は好ましいが，投資家は10ベーシスの正確性を求めているわけではなく次に続く資本効率性の議論をしたいのであり，時間を浪費したことに残念な表情になる。日本でも同様であるが，企業とのミーティングは事前の決めごとがない限り１時間と決まっているのはグローバルスタンダードである。しかし，逐次通訳を介した会話は倍の時間が必要なので実質的な会話時間は30分となる。そのため，会話のテンポはとても大事で，短時間でも濃密な議論ができれば理解も深まり，継続してフォローアップしたいという気持ちにもなる。ミーティングで使う資料を事前に送付しておくのは一般的であるが，特に初めて面談する投資家の場合は，事業概要についての包括的な資料を提示しておくとミーティングがスムーズである。英文資料がすぐに用意できない場合は，証券会社のフルレポートやスポンサードリサーチレポートの活用も効果的である。実質30分の面談時間を，アウトプットよりもぜひ議論に費やしていただきたい。

(3)　ESG情報は収益計画と絡めて話す

　一般論として海外投資家が日本の機関投資家よりもESG情報への感度が高いのは事実である。日本の企業経営にもサステナビリティ経営の考え方がかなり浸透してきたが，サステナビリティ経営は長期戦略で，短期的に業績に表れる

のはまれである。投資家も同様に考えているが，投資家の関心事の優先度は
様々で，投資家が預かっている資金性質によって大きく異なるのでその点には
留意が必要である。ロングショート戦略のヘッジファンドにとっては業績予想
の変化はトレードのカタリストとなるので重視している。彼らに温室効果ガス
の削減計画を説明しても評価されないだろう。物言う株主系であれば，ガバナ
ンスや資本効率性に重点が置かれることが多い。最近，社会課題に的を絞った
物言う株主も増えていることは新しいトレンドである。ロングオンリーの長期
投資家はそれに加えて長期戦略と非財務情報の整合性に関心が高い。CSR的な
社会貢献ではなく，世界の企業行動における価値観が大きく変わろうとしてい
る昨今，地球温暖化や人権問題等の社会事象に対する「リスクと機会」を説明
することが重要である。何が自社にとってのリスクでどんな収益チャンスがあ
るのか，長期的には漠然とした課題になるかもしれないが，自社のリソースに
適した機会であれば投資家の共感を得られるだろう。

　サステナビリティ／ESG情報をまとめる資料としては統合報告書がベストで
ある。統合報告書はその名のとおり財務情報と非財務情報を統合させたもので
あるので，その企業の文化や経営哲学と長期的戦略の整合性が表れる資料であ
る。そのため，経営の質が丸裸にされると言っても過言ではないが，統合報告
書は任意開示資料であるので企業によって内容は様々である。内容はともかく
事実しか記載できないので，制作は単なる情報の取りまとめで作業はなく，そ
の過程でサステナビリティ経営体制を見直す絶好の機会となる。

コラム　非財務情報の開示と進む評価技術

　一部の非財務情報の開示は今後有価証券報告書での法定開示となるが，非財務情報の種類は多い。温室効果ガスの計測・削減目標に始まり，ダイバーシティ，人的資本・人権デューデリジェンス。そして今後は生物多様性（TNFD）も取りざたされている。投資家もアクティブファンドの他，資産が急増しているESGファンドでの幅広い分析が必要となっている。非財務情報の開示状況を比較することでその企業の環境変化に対するレジリエンスを評価することができるが，対象企業が多いだけにアクティブ運用のボトムアップリサーチのように丹念に評価することが難しい。非財務情報は比較的新しい開示内容なので，GRIやIFRS財団などのいくつかの国際組織が微妙に異なる開示フレームワークを公開していた。投資家からフレームワーク統一を求める声の高まりを受けて有力組織のVRF（Value Reporting Foundation）とIFRS財団が2022年に統合され，開示内容の標準化が急速に進んでいる。

　標準化が進むとデータによる分析がしやすくなる。加えてAI技術の普及と自然言語分析技術の向上で，フォーマットが異なっていても比較対照が可能となった。2022年にはNASDAQが気候変動に関する開示情報を分析できるシステムを開発したと発表した。このシステムは取締役会の監督，リスクの特定，温室効果ガスの測定，目標設定，シナリオ分析の状況などをアニュアルレポートとSEC提出書類をもとに分析し，その結果に基づいて企業を「開示なし（no disclosure）」，「開始（starting）」，「確立（established）」，「先進（advanced）」の4つのグループに分類することを可能にした。今のところS&P500とRussell3000の構成企業が分析可能であるが，このような分析を可能にするシステムは日本のベンチャー企業でも実用化されており，開示情報の広がりとともに実際の運用に活用されているものと思われる。
https://www.fsa.go.jp/news/r4/sonota/20221107/20221107.html
https://www.nasdaq.com/articles/ai-powered-study-benchmarks-climate-reporting-across-whole-market
https://suslab.net/about/

8 IRと英文開示のミッション

　ここまで読み進めていただき，今さらであるが改めて英文開示の目的を確認したい。東証プライム市場における外国人投資家の取引占有率がおよそ50％。株主比率が約30％を維持している昨今，海外投資家への配慮，また彼らの権利のために英語化が必要である点は異論がないであろう。外国人持ち株比率が高ければ株主総会での議決権行使は経営陣にとっては大事なことであり，議案への理解を得るために英文開示は必須である。加えて，投資家との対話が求められている昨今，対話をするためには情報共有が必要である。ガバナンス改善のためにはステークホルダーとの対話が欠かせないことも論をまたない。もう1つ重要な点がある。それは第1章でも詳しく記載があるが，資本コストを下げることにつながるからである。

　本書の読者であればWACC（加重平均資本コスト）はよくご存じと思うので詳しい説明は省くが，WACCは銀行借入の金利と株主資本コスト（株式の期待利回り）に分けられる。銀行借入の金利は明確なので議論は不要であるが，株主資本コストは様々なアカデミックな議論はあるものの，計算が簡単なCAPMの次式が使われていることが多い。

CAPM（Capital Asset Pricing Model）：
株主資本コスト＝リスクフリーレート①＋株式市場のリスクプレミアム②
　　　　　　　　×β値③
※①は国債金利，②は東証の超過リターン。これは長期のデータに基づくため期間の取り方によって多少の違いがある。③は当該企業のベータ値。

　ベータ値はTOPIXなどの指標が1％動いたときに当該企業の株価がどれだけ変動するか，という統計的に割り出した数字であり，株主資本コストを下げ

るために企業が唯一能動的に関わることができる部分である。

　ベータ値が1.0のＡ社と1.5のＢ社があったとしよう。両社の株主資本コストにどれだけの違いがあるか試算してみるが，試算を簡単にするために，国債金利は１％，TOPIXの超過リターンは５％とする。

Ａ社の株主資本コスト：1.0％＋５％×1.0＝６％
Ｂ社の株主資本コスト：1.0％＋５％×1.5＝8.5％

　なんとベータ値の違いが両社の株主資本コストに2.5％の差を生んでいる。実際にはベータ値が1.5を超える銘柄はあまり多くないが，株主資本コストはWACCの重要な要素であり，ROEとの差はエクイティスプレッドとして株価バリュエーションの根拠とされる。「ROE＞株主資本コスト」ならばエクイティスプレッドは正で株主資本はプラスで積み上がるが，逆であれば株主資本を毀損することになる。ROEを１％改善するには大変な企業努力が必要であるが，株主資本コストを下げるにはベータ値を低くするだけで済むのである。ベータ値を下げるには，IRの強化と流動性の改善である。投資家の業績への期待，予想をコントロールして決算発表後にサプライズを極力少なくすることである。例えば業績の上方修正，下方修正が近い将来にあり得る場合，IR担当者は直接的な言及をしないで，アナリスト，投資家の予想を誘導するようなメッセージを発することが望ましい。しかし，フェアディスクロージャールールもあり，下手なアプローチをすると予期しない開示義務が発生し逆にサプライズともなりかねない。投資家と対峙するCFO，IR担当者は高いコミュニケーション力と厳格なコンプライアンス意識が求められる。

コラム　株主資本コストを意識したIRの事件簿

　2022年9月にAT&TとそのIR担当者がSECよりフェアディスクロージャールール違反として訴えられ，AT&Tが625万ドル，IR担当幹部とその従業員の3名がそれぞれ2万5,000ドルのペナルティを払うことで和解したと報道された。2016年の期中にAT&Tはスマートフォンの売上高が計画どおり進捗しておらず，アナリスト予想のコンセンサスの数字に業績が届かないことを認識した。当時証券会社のアナリスト20名が同社をカバーし業績予想を立てていたが，楽観的な見通しを立てていたアナリストを選び，会社側の弱気な見通しを伝えたと指摘されている。その後，これらアナリスト達が予想数値を引き下げ，結果としてコンセンサスの数字も下がりAT&Tの実際の業績はコンセンサスの数字を上回ることとなった。SECは特定のアナリストだけに内部情報を伝えたフェアディスクロージャールール違反と認定したのである。ルール違反は問題であるが，米企業にとってIRは株主資本コストを下げる重要な機能であると認識されていることがよくわかる事例である。

　ベータ値を下げるためには流動性の改善も有効な手段である。しかし，流動性はコミュニケーションを手段にするより外科的な対応が望ましい。持ち合い株式の放出や，創業者持分の立会外分売など絶対的なる流通株式数の増加が必要である。IR活動で流動性を増やしたいと相談を受けることもあるが，短期的な効果を得ることは難しく，多くの投資家の関心を引き寄せるための長期的な施策を考えたほうがよい。例えばデイトレーダーが好んでその企業の株式を売買するには，頻繁なニュースフローや株価を動かすカタリストが必要で，その情報発信をIRで行おうとすると恣意的な情報発信となりやすい。いずれ投資家から「投資家を翻弄する危ない銘柄」とレッテルを貼られることになりかねない。四半期で開示しているデータを月次開示に変えることも一考である。業績の先行指標となるようなデータであれば，短期投資家はわずかな値幅でもトレードする可能性がある。小売セクターでは，売上高や来店者数などを既存店，新規店舗に分けて月次開示している企業は少なくないが，企業ごとに事業特性を勘案し，月次開示が適切か，社内の理解が得られてデータ更新が負担なくできるか，よく検討されなければならない。

9　最後に

　やや古い話となるが，筆者が国内証券会社のシンガポール拠点に勤務していた時，大手商社のノンディール・ロードショーを担当させていただく機会があった。当時の大手商社は資源分野の投資が成功し過去最高益を叩き出していた。にもかかわらずPERは2桁に届かず，PBRは1倍台という水準であった。政府系ファンドや欧州系の大手運用会社とのミーティングでも淡々としたアップデートで終わり今ひとつ盛り上がらなかったことを覚えている。移動の車中で担当役員から「なぜ投資家はこの業績に見合う株価プレミアムを付けてくれないのだろうか？」と聞かれたことがある。筆者も答えに窮したが，漠然と感じていたことをコメントさせていただいた。総合商社は多くの事業があり，事業ポートフォリオ戦略の下に管理されているが，なぜ，異なる事業分野で勝ち続けられるのか投資家が理解できないのではないか。おそらく優秀な経営人材が中堅レベルでも充実していて，経営と人材の秀逸さを理解してもらうことが評価につながるのではないか，と申し上げた。当時は人的資本という言葉は一般に使われておらず，投資家の間でも経営者の評価について議論をすることはあっても社内人材の質を評価する議論はあまりなかった。1990年代までは多くの上場企業で社内留学制度を持っていたが，バブルの崩壊とその後の低成長期に留学制度も縮小，もしくは廃止してしまった企業が多い。一方総合商社は程度の差こそあれ継続して社内留学制度を堅持し，また海外トレーニー制度などにより若手社員育成の手を緩めなかった。

　2020年にウォーレン・バフェットが率いるバークシャー・ハザウェイが，総合商社数社の発行済み株式の5％以上を保有したことを明らかにした。その後さらに買い増して2022年末時点の公表によれば，大手総合商社5社への投資額は2兆円近くに達したという。バークシャー・ハザウェイの2021年の年次報告書によれば，総合商社5社への合計を一案件とした場合，アップル，バンク・オブ・アメリカ，シェブロンなどの米国企業に続き6番目に大きい投資案件と

なっている。ウォーレン・バフェットが投資の選定にあたり，アニュアルレポートを熟読することは有名な話であり，当然，商社各社の有価証券報告書，統合報告書を何度も通読したことと思われる。今のところバフェット氏から投資の経緯や理由などのコメントは報じられていないが，これら開示書類の中に決定的な何かがあったのであろう。三菱商事は2018年に策定した中期経営計画の中で，経営人材の輩出を目的とした人事制度改革の実行を４つの重要施策の中の１つに設定した。また，三井物産は「人的資本」という言葉を2013年から，伊藤忠商事は「人材資本」という言葉を2014年からそれぞれのアニュアルレポートで使い始めているので，その変化に気がついたのかもしれない。

　程度の差こそあれ，筆者が交流のある投資家達は開示情報に敏感である。投資を検討する際は会社が開示する情報の収集と分析に労をいとわない。財務情報に加えて，経営陣の発する定性情報が極めて大事で，定量情報と定性情報の組み合わせ，財務情報と非財務情報の整合性が投資判断につながる。本章では様々な角度で英文開示資料のあり方に触れてみたが，変化のスピードが速い資本市場の中で筆者も思考錯誤している一方，投資家との対話の中で気づかされる点も多い。読者の皆さまも失敗をおそれず海外投資家へ積極的にアプローチして，自社のアウトプットにとどまらず彼らからの知見を獲得していただきたいと思う。投資家から得た知見は企業のコーポレートアクションの検討，資本政策の決定というような重要な局面で活きてくることは間違いないだろう。

索　引

【著者紹介】

第1章執筆担当

井川智洋（いかわ・ともひろ）

フィデリティ投信株式会社　ヘッド・オブ・エンゲージメント兼ポートフォリオ・マネージャー

住友生命保険，ニッセイアセットマネジメント，外資系運用会社で，アナリスト，ポートフォリオマネージャー，運用責任者として日本株式および外国株式の投資業務に20年以上にわたり従事。2019年にフィデリティ投信株式会社に入社，2021年より現職。投資先企業とのサステナビリティ課題解決に向けた対話を通じ，企業価値向上に貢献できるよう活動。

International Corporate Governance Network（ICGN）Global Governance Committee メンバー，青山学院大学大学院サステナビリティ・マネジメント講座講師を務める。

一橋大学経済学部，青山学院大学大学院国際マネジメント研究科卒業。

第2章執筆担当

児玉高直（こだま・たかなお）

株式会社プロネクサス　システムコンサルティング事業部事業管理室長

1978年，東京都台東区生まれ。慶應義塾大学文学部史学科東洋史専攻を卒業後，日本写真印刷株式会社（現NISSHA株式会社）入社し，情報コミュニケーションに関する各種事業に従事。2014年株式会社プロネクサスに入社。英文開示に関する調査やサービス開発を担当後，現職。

〈主な執筆歴〉

・「英文決算短信の状況・事例から考える　英文情報開示にはこう対応する」旬刊経理情報2022年7月10日号

・『英文開示実践ハンドブック』（第1章：英文開示実施に向けた計画の立案）（東京証券取引所，2022年）

第3章執筆担当

杉渕　均（すぎぶち・ひとし）

SESSAパートナーズ株式会社　代表取締役

1989年よりドレスナー・クラインオートベンソン証券，ソシエテジェネラル証券等の外資系証券で機関投資家向けのリサーチセールスに従事。2001年に興銀証券（現みずほ証券）に移籍し，香港・シンガポールの営業拠点立ち上げに携わり，その後15年にわたり海外機関投資家のネットワークを築き上げた。同社シンガポール拠点

の株式部門長として，また，香港ではアジアパシフィック地域担当のコーポレートアクセス部長としておよそ500社を超える本邦・アジア企業のロードショーの企画・アレンジを担当した。2015年にSESSAパートナーズを創業し，海外機関投資家へのリーチを欧米に広げている。英国IR協会検定会員。

海外投資家ニーズを押さえた
英文開示のあり方・作り方

2023年7月10日　第1版第1刷発行

著　者　井　川　智　洋
　　　　児　玉　高　直
　　　　杉　渕　　　均
発行者　山　本　　　継
発行所　㈱中　央　経　済　社
発売元　㈱中央経済グループ
　　　　パ ブ リ ッ シ ン グ

〒101-0051　東京都千代田区神田神保町1-35
電話　03 (3293) 3371 (編集代表)
　　　03 (3293) 3381 (営業代表)
https://www.chuokeizai.co.jp
印刷／㈱堀内印刷所
製本／㈲井上製本所

© 2023
Printed in Japan